CONTROLA TU TIEMPO, CONTROLA TU VIDA

BRIAN TRACY

CONTROLA TU TIEMPO, CONTROLA TU VIDA

Un sistema revolucionario para obtener
más resultados en cada área de tu vida

TALLER DEL ÉXITO

Controla tu tiempo, controla tu vida

Copyright © 2023 • Taller del Éxito y Brian Tracy
Título en inglés: *Master Your Time, Master Your Life*

Original English language Copyright © 2016 by Brian Tracy. Spanish-language edition copyright © Brian Tracy. All rights reserved.

Reservados todos los derechos. Ninguna parte de esta publicación puede ser reproducida, distribuida o transmitida, por ninguna forma o medio incluyendo fotocopiado, grabación o cualquier otro método electrónico o mecánico sin la autorización previa por escrito del autor o editor excepto en el caso de breves reseñas utilizadas en críticas literarias y ciertos usos no comerciales dispuestos por la Ley de Derechos de Autor.

Publicado por:
Taller del Éxito, Inc.
1669 N.W. 144 Terrace, Suite 210
Sunrise, Florida 33323
Estados Unidos
www.tallerdelexito.com

Editorial dedicada a la difusión de libros y audiolibros de desarrollo personal, crecimiento personal, liderazgo y motivación.

Corrección de estilo: Ana Caicedo Cox
Diagramación: Carla Bórquez Carrillo
Diseño de carátula: Diego Cruz

ISBN: 978-1607387718

25 26 27 28 29 R | GIN 09 08 07 06 05

Contenido

INTRODUCCIÓN 9

1. PLANEACIÓN ESTRATÉGICA Y
ESTABLECIMIENTO DE METAS 17

2. TIEMPO PRODUCTIVO. CÓMO HACER MÁS 39

3. TIEMPO PARA MEJORAR LOS INGRESOS 61

4. TIEMPO LIBRE... 77

5. TIEMPO DE TRABAJO 87

6. TIEMPO DE CREATIVIDAD 105

7. TIEMPO PARA RESOLVER PROBLEMAS Y
TOMAR DECISIONES.. 129

8. TIEMPO PARA LA FAMILIA Y PERSONAS 145

9. TIEMPO PARA DESCANSAR Y RELAJARSE 165

10. TIEMPO DE QUIETUD 185

RESUMEN 197

INTRODUCCIÓN

DIFERENTES TIPOS DE TIEMPO

¿Valoras la vida?
Entonces no desperdicies el tiempo,
porque de este es que está hecha la vida.

—BENJAMIN FRANKLIN

Esta es una época excelente para estar vivo. A lo largo de la historia de la humanidad, nunca hubo tantas oportunidades para hacer más cosas y alcanzar más metas como las hay en la actualidad.

Ahora se puede vivir por más tiempo y en mejores condiciones que las generaciones pasadas. Los avances modernos en la medicina permiten que más personas vivan hasta los ochenta o noventa años, e incluso hasta los cien, algo nunca antes imaginado.

Pero; a pesar de todas estas excelentes oportunidades para tener éxito, prosperidad, longevidad y felicidad, es probable que sientas, como la mayoría de personas, que tienes mucho por hacer y muy poco tiempo.

Debido al crecimiento exponencial de la información, la tecnología y la competencia, el ritmo de los cambios de la época ha superado tu capacidad para mantenerte actualizado.

Hoy necesitamos una nueva manera de pensar con respecto al tiempo, en especial en relación con los diferentes tipos de tiempo que hay en tu vida.

Encontramos que cada actividad y responsabilidad exige que abordes el tiempo de manera distinta si quieres obtener los mejores resultados en todo lo que haces.

Necesitas una forma de tiempo para establecer metas y decidir lo que quieres en la vida, y otra para establecer prioridades, concentrarte en tareas de alto valor y llevarlas a cabo.

Requieres cierto tiempo para interactuar, comunicarte, negociar y administrar, así como otro estilo de tiempo en casa con tu familia y tus relaciones de mayor importancia.

Los diferentes tipos de tiempo suelen ser como agua y aceite, no se pueden mezclar.

Cualquier intento de usar el tiempo equivocado en el área que no le corresponde, conducirá a frustración, fracaso e inefectividad.

TU CALIDAD DE VIDA

Tu calidad de vida en gran medida la determina el manejo adecuado de tu tiempo. La administración de cada momento es en realidad es administración de vida. Si no controlas tu tiempo como es debido, es difícil que controles cualquier otro aspecto.

Por fortuna, la persona más rica y más exitosa del mundo tiene las mismas veinticuatro horas del día que tú tienes. La diferencia entre las personas exitosas y las que no tienen éxito, es que quienes tienen éxito, a veces con menos potencial y menos oportunidades, suelen lograr mucho más que los demás porque usan mejor su tiempo y con mayor efectividad.

Tu habilidad mejor pagada y más importante es la de *pensar*, tanto antes como mientras actúas. Es tu capacidad para elegir qué es lo más importante y qué es lo menos importante.

Los psicólogos nos dicen que tu nivel de *autoestima* (cuánto te agradas y respetas a ti mismo) es la medida clave de cuán feliz eres en cualquier área de tu vida. La clave para tener una alta autoestima es un sentimiento de *autoeficacia*, la confianza de poder controlar tu vida, alcanzar tus metas, realizar tus tareas y obtener los resultados que se esperan de ti y que tú esperas de ti mismo.

Tu activo financiero más valioso es tu *capacidad de generar ganancias*. Es la habilidad que tienes para obtener los resultados por los que otros te pagarán. Esto, lo repito, lo determina en gran medida la manera como usas tu tiempo cuando trabajas, al igual que antes y después de trabajar.

Thomas Edison en una ocasión escribió: "pensar es el trabajo más difícil que existe, y es por eso que la mayoría de personas preferirían morir que pensar".

Tu manera de pensar con respecto al tiempo y las múltiples y posibles maneras en las que puedes usarlo, determina en gran medida tu efectividad y la calidad de cada parte de tu vida.

PARA UN MOMENTO Y PIENSA

Muchas personas piensan en un modo de *respuesta reactiva*. Cuando algo sucede en su entorno, reaccionan y responden de manera automática, sin pensar, haciéndose esclavos del momento o del último timbre de su teléfono inteligente o de su computadora.

La clave para tomar todo el control de tu tiempo y de tu vida está en *detenerte y pensar* antes de reaccionar y responder. Debes identificar la clase de tiempo y comportamiento que has de tener en cada momento, y responder de manera adecuada a esa situación.

El historiador británico Arnold Toynbee ganó el Premio Nobel por su obra maestra de doce volúmenes, *A Study of History*. Esta serie de libros cuenta el surgimiento y la caída de veintitrés grandes civilizaciones o imperios durante dos mil quinientos años. Toynbee encontró que cada imperio seguía un ciclo predecible desde sus comienzos hasta su colapso.

Toynbee propuso la idea de la "Teoría de desafío y respuesta de la historia". Mostró que cada gran civilización comenzó siendo pequeña, a veces con una sola tribu o pueblo, y al responder una y otra vez de manera efectiva a los desafíos externos, por lo general ante tribus guerreras y otros enemigos humanos, el grupo crecía de manera continua hasta dominar grandes extensiones de tierra.

Por ejemplo, el Imperio Mongol, el más grande en extensión geográfica en toda la historia, comenzó con tres personas, Temüjin, su madre Hoelun, y su hermano menor, después que otra tribu mongola arrasara con su villa. A partir de ese humilde comienzo, Temüjin, quien llegó a ser conocido como Genghis Khan, "El Guerrero Perfecto", extendió el Imperio Mongol abarcando el mar de Japón, toda China, India, gran parte de Rusia, y el medio oriente, hasta llegar al Mediterráneo y el Danubio.

TUS ELECCIONES Y DECISIONES LO SON TODO

Lo mismo sucede contigo y con tu vida. A medida que respondas de manera eficiente a los constantes desafíos de la vida cotidiana y el trabajo diario, seguirás creciendo en inteligencia y mejorando tus capacidades para avanzar hacia el alcance de todo tu potencial.

Sobre todo, tu éxito a corto y a largo plazo lo determina en gran manera *la forma como respondes* a los inevitables desafíos de la vida cotidiana. Esta es denominada tu capacidad de respuesta, tu habilidad para responder con eficacia a constantes y conflictivas exigencias sobre tu tiempo.

En este libro aprenderás una serie de los mejores principios jamás descubiertos en cuanto al manejo del tiempo, las mismas técnicas y estrategias que practican las personas más exitosas y felices de nuestra sociedad.

Al practicar estos métodos y técnicas, tomarás todo el control de tu tiempo y de tu vida, y durante el próximo año o dos años siguientes, lograrás más de lo que la mayoría de personas haría en muchos años o incluso durante toda una vida.

Cuando seas más consciente de tu situación actual y aprendas la manera más efectiva de tratar con los múltiples eventos, en los diferentes momentos y con diversos métodos, podrás pensar con mayor claridad y responder con más confianza que nunca antes.

1
PLANEACIÓN ESTRATÉGICA Y ESTABLECIMIENTO DE METAS

Hay una cualidad necesaria para ganar, y es la definición del propósito, conocer lo que se quiere, y tener un deseo ardiente por alcanzarlo.

—NAPOLEON HILL

U**no de los tipos de tiempo más** importante, es el que dedicas a pensar, decidir y planear cómo lograr las cosas que de verdad quieres en la vida.

El mayor desperdicio de tiempo es comenzar sin tener metas claras y específicas. Muchas personas desaprovechan la mayoría de sus años productivos respondiendo y reaccionando a cualquier cosa que suceda a su alrededor y trabajando por alcanzar las metas de otros, en lugar de tomar el tiempo para tener completa claridad de lo que de verdad quieren para sí mismos.

Hay un dicho que afirma: "Antes de que hagas algo, debes hacer otra cosa primero".

Antes de que partas rumbo a la gran aventura de tu vida, debes decidir a dónde quieres llegar. La buena noticia es que nunca antes hubo tantas oportunidades para alcanzar tus metas como las hay en la actualidad. Pero únicamente tú puedes decidir lo que quieres.

¿Cuál es la diferencia entre el rico y el pobre? Una explicación es que cerca del 85% de las personas adineradas tienen una gran meta sobre la que trabajan todo el tiempo. Sólo el 3% de las personas pobres tienen una gran meta, y de vez en cuando trabajan en ella, si es que alguna vez lo hacen.

EL 1% VERSUS EL 99%

En la actualidad hay gran controversia con respecto a la diferencia entre el 1% de las personas y el resto de nosotros. La premisa asegura que quienes integran el 1% son propietarios o controlan más dinero que todos los demás juntos. Sin embargo, esa estadística no es acertada.

La verdadera diferencia está entre el 3% superior y el otro 97%. Ya que la mayoría de personas comienzan con poco o nada, la verdadera pregunta debería ser: "¿cómo hicieron quienes integran el 3%, y comenzaron sin nada, para tener tanto éxito en el curso de una o dos generaciones?".

La respuesta es sencilla. Las personas del 3% superior tienen metas claras por escrito, y planes sobre los que trabajan cada día. Saben con exactitud quiénes son, qué quieren y hacia dónde se dirigen. Tienen un plano, una ruta, que los guía a mayor velocidad y con mucha mayor precisión para alcanzar la salud, la felicidad, la riqueza y la prosperidad que el plan de la mayoría de las personas durante todas sus vidas.

Como resultado de tener metas claras y escritas, ellos desperdician mucho menos tiempo que las personas comunes. En promedio, las personas con metas y planes escritos ganan y acumulan diez veces más que otras personas con los mismos niveles de inteligencia y educación.

LA CLARIDAD LO ES TODO

Hay una historia que habla acerca de un cazador que va al límite del bosque, cierra sus ojos y dispara su rifle sin un objetivo fijo. Luego voltea y le dice a su amigo: "¡sin duda espero que algo bueno se encuentre con eso!"

Así es como muchos viven sus vidas. Se lanzan como un perro persiguiendo un auto que pasa, y rara vez atrapan algo. La mayoría de las personas van por la vida sin metas, haciendo lo que mejor pueden, tan solo esperando que algo bueno les suceda. Pero la esperanza no es una estrategia. Es una receta para el fracaso, o peor aún, para el desastre.

Para maximizar tu tiempo y disfrutar la mayor cantidad y calidad de riquezas y recompensas, debes separar tiempo para pensar en tus metas con frecuencia, en especial cuando estás experimentando turbulencias y cambios rápidos. Debes pasar a tener una intensa orientación en las metas. Las mejores herramientas para el manejo del tiempo incluyen establecer metas, planear y organizar tu vida en torno a aquellas cosas que de verdad quieres hacer y tener.

El trazar metas y la planeación estratégica personal exigen que tomes tiempo libre, lejos de interrupciones y distracciones. De este modo puedes dar respuesta a muchas preguntas importantes, a fin de asegurarte de que lo que hagas a nivel externo sea consistente con la persona que eres en el interior y esté en armonía con lo que de verdad quieres alcanzar.

MIRA DENTRO DE TI

La primera pregunta que debes hacer es: ¿quién soy yo? Tu respuesta revela tu autoimagen, la persona que crees ser. Como tus comportamientos externos siempre son consistentes con la manera como te ves a ti mismo en el interior, esta respuesta dice mucho acerca de ti.

La escritura sobre el Templo de Apolo en Delphi, Antigua Grecia, dice: "Hombre conócete a ti mismo". Este es el punto de partida de la sabiduría.

Sócrates dijo: "la vida que no se examina no vale la pena ser vivida". Mientras no separes tiempo con regularidad para examinar tu vida y asegurarte de que tienes metas claras, y que no han cambiado, te convertirás en alguien reactivo que suele hacer lo que los demás quieren que haga.

Comienza este análisis de metas entendiendo que eres único y potencialmente *extraordinario*. Nunca ha habido, y nunca existirá alguien que sea igual a ti: sé tú mismo. Todos los demás ya están asignados.

Eres una combinación especial y compleja de conocimientos, experiencia, educación, talentos, habilidades, intereses, emociones, deseos y temores. Además, desde la infancia has tenido una intrincada serie de experiencias que te han forjado en la persona que eres hoy.

Tienes fortalezas y destrezas especiales, y has nacido con la capacidad de tener excelencia en algo, o quizás en muchas cosas. Tu gran responsabilidad para contigo mismo, y los demás, es encontrar esa misión especial para la que has sido puesto en esta tierra. Debes aclarar tu visión, tu propósito en la vida, el deseo de tu corazón.

HAZ LO QUE DE VERDAD AMAS

Uno de tus grandes trabajos en la vida es encontrar algo que de verdad ames hacer, y luego poner todo para alcanzar la excelencia haciendo eso.

A lo largo de tu vida adulta y profesional debes hacerte una serie de preguntas y darles respuesta. Tus preguntas cambiarán con el tiempo y la experiencia. Debes tener claridad con respecto a tus respuestas cada vez que abordes esas preguntas, y también es necesario que estés dispuesto a cambiar tus respuestas a medida que obtienes más información.

Comienza asumiendo que no tienes limitaciones. Imagina que pudieras mover una varita mágica y hacer que tu vida sea ideal en todos sus aspectos. Hazte estas preguntas:

1. ¿Qué es lo que de *verdad* quiero hacer con mi vida?

2. ¿Qué es lo que, de *verdad, verdad,* quiero hacer con mi vida?

3. ¿Qué es lo que, de *verdad, verdad, verdad,* quiero hacer con mi vida?

La clave está en la tercera vez que hagas esta pregunta con "de verdad, verdad, verdad". Eso te obligará a profundizar en tu ser, pasando por alto las respuestas superficiales con respecto al dinero y el éxito, y por lo general te dará la respuesta que has estado buscando. Así es como comienzas a liberar todo tu potencial.

PLANEACIÓN ESTRATÉGICA PERSONAL

Las empresas de éxito invierten mucho tiempo y dinero desarrollando planes estratégicos para sus negocios. Son metas y planes muy bien pensados que se usan para alcanzar mayor éxito y rentabilidad en mercados competitivos.

Tú también debes tener *un plan estratégico personal*, para asegurar que logras lo máximo en el menor tiempo, cometiendo la menor cantidad de errores posible a lo largo del camino.

La planeación estratégica personal se concentra en cuatro preguntas elementales que deberías hacerte con regularidad:

1. *¿En dónde me encuentro ahora en la vida?* ¿Qué has logrado hasta ahora? ¿Cuál es tu capital financiero? ¿Qué clase de familia tienes? ¿Cuál es tu nivel de salud y condición física?

2. *¿Cómo llegué al punto donde me encuentro hoy?* ¿Cuáles fueron las decisiones y elecciones que hiciste en el pasado para crear tu vida actual? ¿Cuál ha sido la principal causa de tu éxito hasta la fecha? ¿Cuál ha sido la razón de tus adversidades?

3. *¿Hacia dónde quiero ir en el futuro?* Idealiza e imagina el futuro. Proyéctate cinco años adelante e imagina que tu vida es excelente en todos sus aspectos. ¿Cómo se vería? ¿En qué diferiría de tu vida actual?

4. *¿Cómo puedo llegar de donde estoy hoy a donde quiero estar?* ¿Cuáles son las diferentes cosas que

podrías hacer, comenzando hoy, para crear el futuro perfecto?

La claridad es tu mejor amiga. La planeación estratégica personal requiere, primero, que tengas metas claras y por escrito, segundo, que examines con claridad los diversos métodos que puedes implementar para alcanzarlas.

La mayoría de personas quieren ganar mucho dinero haciendo lo que disfrutan, y terminar alcanzando la independencia financiera. Pero solo un pequeño porcentaje de personas alcanzará esta meta en común. ¿Por qué sucede esto?

RIQUEZA DE PRIMERA GENERACIÓN

Tan solo en los Estados Unidos hay más de diez millones de millonarios, y más del 80% de ellos lo han logrado por su propio esfuerzo. En el mundo hay casi dos mil billonarios, de los cuales el 66% lo han alcanzado por sí mismos. Estas son personas que comenzaron con nada y lograron su éxito financiero en un solo lapso de vida laboral, o antes. ¿Por qué no podrías hacerlo tú?

Hay muchas maneras de alcanzar tus metas de ingresos altos, independencia financiera e incluso riqueza.

Una carretera hacia el éxito financiero es el emprendimiento, la capacidad de comenzar y desarrollar tus propias empresas exitosas. En la actualidad, es más fácil que nunca comenzar una empresa y empezar a ofrecer un producto o servicio. Se necesitan menos de veinticuatro horas para registrar tu empresa, crear una página de internet y comenzar a operar.

Muchas personas logran su independencia financiera al especializarse y convertirse en los mejores de sus campos, trabajando para otra empresa y obteniendo muy buenos salarios. Ellos salen a trabajar para otra persona y ascienden por su camino, ganando más y más con el paso de los años.

Un 10% de los millonarios son profesionales tales como médicos, abogados, arquitectos, contadores e ingenieros. Ellos trabajaron mucho por bastante tiempo, hicieron un gran trabajo, alcanzaron una reputación excelente y con el tiempo recibieron buenos salarios.

Tú puedes elegir el camino del emprendimiento y creación de empresa, u optar por trabajar para otra empresa, en especial una con gran potencial que apenas esté comenzando. Puedes especializarte y llegar a ser excelente en lo que haces. Puedes triunfar en grande en muchas áreas diferentes.

ESCÚCHATE A TI MISMO

Puedes elegir entre diferentes caminos, dependiendo de tu personalidad, habilidades, temperamento y lo que de verdad disfrutas. La buena noticia es que ningún camino es el mejor. A millones de personas les va muy bien en términos financieros trabajando para otra persona, o especializándose, o haciendo ambas cosas. Otros tienen éxito en los negocios o como empresarios al dominar una amplia variedad de destrezas. Algunos hacen varias cosas. Comienzan sus propias empresas y luego se especializan en llegar a ser muy buenos prestando un servicio o desarrollando un producto que las personas de verdad desean y están dispuestas a pagar por él.

La claridad probablemente sea el 95% del éxito. En tanto tengas mayor claridad respecto a lo que eres y lo que deseas, más fácil será para ti triunfar bajo casi cualquier condición o circunstancia.

Thomas Carlyle escribió: "el hombre sin metas avanza poco por el camino más suave, mientras que el hombre con metas claras hace grandes avances incluso en el camino más escarpado".

Cuando te tomas el tiempo para detenerte a pensar respecto a lo que de verdad quieres y cómo obtenerlo, puedes ahorrarte muchos años de duro trabajo yendo de un lado al otro y avanzando muy poco. Olvídate de los errores del pasado y concéntrate en el futuro. Un proverbio turco dice: "no importa cuánto hayas avanzado por el camino errado, da la vuelta".

EL FACTOR INTELIGENCIA

Josh Billings, el vaquero humorista dijo en una ocasión: "a un hombre no lo afecta lo que sabe, sino lo que sabe que no es verdad".

Cuando era niño, mis maestros y padres me decían una y otra vez que, si no obtenía buenas calificaciones, si no me graduaba de la secundaria, si no ingresaba a la universidad, no iba a tener éxito en la vida. Y yo les creí. Cuando fracasé en la secundaria, me resigné a una vida de trabajos de obrero. Durante los años siguientes lavé platos, cavé pozos, trabajé en aserraderos y fábricas y en ocasiones dormí en mi auto.

Por último, frustrado de ver a tantas personas triunfadoras alrededor mío, mucho más jóvenes que yo, comencé a desafiar mis creencias respecto al éxito y el fracaso. Comencé a preguntar: "¿por qué unas personas son más exitosas que otras?"

Lo que encontré me sorprendió. Solo hay una pequeña relación entre el éxito y la educación superior, la inteligencia, las buenas calificaciones, el proceder de una familia adinerada, o incluso la habilidad natural.

La inteligencia ha sido identificada como una cualidad importante entre las personas de éxito en cualquier campo. Pero investigaciones profundas han encontrado que muchas de estas personas no han demostrado tener coeficientes intelectuales sobresalientes, ni haber obtenido excelentes calificaciones en la escuela. Pueden haber estado por encima del promedio en términos de inteligencia, pero no eran genios.

UNA MANERA DE ACTUAR

Los expertos han concluido que la inteligencia es más "una forma de actuar" que cuestión de buenas calificaciones o un elevado coeficiente intelectual. Entonces ¿cuál es una manera inteligente de actuar? La respuesta es sencilla: *actúas con inteligencia* cuando haces algo que te hace avanzar hacia alguna de las metas que has establecido para ti mismo. *Actúas sin inteligencia* cuando haces cualquier cosa que no te lleva a progresar con rumbo a algo que deseas.

En mis seminarios enseño una técnica sencilla, prometiendo que duplicará los ingresos de todos los asistentes. La llamo el método A/B.

Así es como funciona: divides todas tus tareas y actividades en dos categorías, tareas A y tareas B. Las tareas A son las actividades que te acercan más a las metas que de verdad quieres lograr. Estos son objetivos tales como ser más exitoso en tu campo, ganar más dinero, pasar más tiempo con tu familia y amigos, y disfrutar de una excelente salud.

Por otra parte, las actividades B son las que no te llevan hacia esas metas, peor aún, te alejan de ellas.

La siguiente es una ley transformadora: haz únicamente las tareas A.

Disciplínate para realizar solo las tareas que enriquecen y mejoran tu vida y tu trabajo, y que te dan un sentimiento de progreso hacia el logro de las cosas que deseas, y te permiten llegar a ser la clase de persona que quieres ser.

Esta sencilla estrategia te hará duplicar o triplicar tu productividad, desempeño y resultados en los meses y años por venir.

Mejor aún, cuando trabajes en tus metas más importantes, tendrás una sensación de triunfo, de progreso, de más felicidad y plenitud. Tu autoestima crecerá. Disfrutarás de mayores niveles de autorrespeto y orgullo personal.

Es más, cuando trabajes y alcances tus metas y tareas más importantes, ganarás el respeto, la estima y la admiración de todos los que te rodean. En poco tiempo llegarás a ser la persona más valiosa en tu organización.

LA FÓRMULA PARA ESTABLECER Y ALCANZAR METAS

Hay una sencilla pero poderosa fórmula para alcanzar metas, la cual consiste en siete pasos, y que puedes aprender y practicar por el resto de tu vida. La he enseñado a más de un millón de personas en los Estados Unidos y Canadá y otros setenta y dos países. Con el paso de los años, muchas personas se me han acercado o me han escrito por correo electrónico, diciendo casi las mismas palabras una y otra vez: "Usted cambió mi vida, usted me hizo rico". Y esa siempre fue la meta.

PASO 1. Decide con exactitud lo que deseas. La mayoría de personas nunca lo hacen. Sé específico. Tus metas deben ser tan claras que puedas explicárselas a un niño de seis años, y ese niño debe poder dar la vuelta y explicarlas a otro niño de seis años. Además, el niño debería estar en capacidad de decirte cuán cerca estás de alcanzar tus metas porque son muy claras y sencillas.

Uno de los mayores errores que las personas cometen es pensar que *ya tienen* metas, cuando todo lo que tienen son sueños y esperanzas. Como ejercicio, cuando les pregunto a los asistentes a mis charlas si tienen metas, todos levantan la mano y dicen sí.

Luego les pido que me den algunos ejemplos de sus metas. Gritan cosas como "quiero ser feliz" o "quiero ser rico" o "quiero viajar" o "quiero tener una bonita vida familiar".

Pero esas no son metas. Son deseos y esperanzas comunes a toda la humanidad. Son fantasías y sueños que todos tenemos. No son metas claras y específicas en las que te puedes concentrar a diario para alcanzarlas. No se pueden medir. Nadie puede decirte cuán cerca estás de alcanzarlas.

PONLO POR ESCRITO

PASO 2. Escríbelo. Solo el 3% de los adultos tienen metas escritas, y parece que todos los demás trabajan para ellos.

En promedio, ganan diez veces más que las personas sin metas escritas. Tener tus metas redactadas hace que sean medibles. Asígnales un número para que otra persona pueda decirte cuán cerca estás de alcanzarla.

Hay una norma que dice: si quieres triunfar, mide cualquier meta o actividad, pero si quieres ser rico pon una *medida financiera* en cualquier meta y actividad.

Un estudio reciente sobre administración que evaluaba el trabajo de 150 eruditos que habían estudiado a miles de empresas en más de veinte países, encontró que existían tres elementos que representaban más del 80% del éxito en los negocios: metas y objetivos claros, medidas de progreso claras y plazos explícitos.

Recuerda, no puedes dar en un blanco que no puedes ver. Cuando tengas metas claras y puedas medir tu progreso, avanzarás más y con mayor rapidez que si no las tuvieras.

¿CUÁNDO LO QUIERES?

PASO 3. Establece un plazo. Decide con exactitud cuándo quieres alcanzar una meta en particular. Si es una meta a largo plazo, divídela en años, meses, semanas en incluso días. Algunas de las personas más exitosas que conozco dividen una meta de diez años en metas de cinco años, de un año, de un mes, hasta llegar a sus actividades diarias. Luego adquieren la disciplina de completar una o más de esas actividades cada día.

¿Qué sucede si no logras tu meta en el primer plazo establecido? Sencillo: define un nuevo plazo, y luego otro, y otro, si es necesario. Cuando establezcas tu primer plazo, este se fundamentará en la información que tengas en ese momento. Pero los factores externos pueden cambiar. Puede haber una caída en la economía en general, o algo como un colapso en los precios del petróleo que cambie todo en tu negocio o industria. Cuando suceda algo que afecte tu línea de tiempo, establece un nuevo plazo. No hay metas irracionales, solo plazos irracionales.

PIENSA EN PAPEL

PASO 4. Haz una lista de todo lo que venga a tu mente respecto a lo que puedes hacer para alcanzar la meta. Mientras piensas en cosas nuevas que puedes hacer, aprender, o personas con quienes puedes hablar, escríbelas en tu lista. Sigue escribiendo hasta cuando ya no puedas pensar en ninguna otra cosa.

PASO 5. Organiza tu lista por *secuencia*. Crea una lista de verificación, ordenando tus tareas, comenzando con lo que debes hacer primero para alcanzar tu meta, luego lo que debes hacer en segundo lugar, y siguiendo ese orden hasta el último paso para alcanzar esa meta.

También puedes organizar tu lista por *prioridad*. ¿Cuál es el elemento más importante de tu lista? ¿Cuál es el segundo elemento más importante? Practica la *Regla 80/20,* la cual dice que el 80% de tu éxito lo determinará el 20% de las cosas que hagas. Con frecuencia, lo más valioso e importante que hagas en la vida, es tomar primero una decisión respecto a una meta y hacer un plan para alcanzarla.

Una lista de actividades, organizada por secuencia y prioridad, pasa a ser un *plan.* Cuando tengas una meta escrita y un plan, te adelantarás al 97% de los adultos trabajadores de la actualidad. Comenzarás a lograr mucho más éxito y más rápido que antes. Quienes te rodean quedarán asombrados.

ORIÉNTATE HACIA LA ACCIÓN

PASO 6. Comienza a realizar tu plan. Haz algo. Haz lo que sea. Pero comienza. Da el primer paso. Y la buena noticia es que siempre puedes ver el primer paso. Siempre sabes qué hacer para comenzar.

Cuando des el primer paso hacia tu meta, que suele ser el más difícil de todos, recibirás tres grandes beneficios. En primer lugar, tendrás retroalimentación de inmediato, la cual te permitirá cambiar el curso o la dirección si es necesario. En segundo lugar, obtendrás más ideas con respecto a cómo tomar acciones adicionales y mejores para alcanzar tu meta. En tercer lugar, sentirás un surgimiento de autoconfianza y autoestima. Te sentirás con más poder y mayor control de tu vida. Todos esos tres beneficios los obtienes con solo actuar y dar el primer paso hacia tu meta.

PASO 7. Este paso puede ser el más importante de todos. Va a revolucionar tu vida y en un poco tiempo. Sencillamente es este: haz algo cada día que te ayude a avanzar hacia tu meta más importante. Siete días a la semana, 365 días al año, haz algo, pequeño o grande, que te acerque un paso a tu meta.

Cuando haces algo cada día, activas lo que ha sido denominado el *Principio de Impulso del Éxito*. Este principio, basado en la Ley de la inercia de Sr. Isaac Newton, dice que se necesita una gran cantidad de energía para poner en movimiento un cuerpo que está estático, pero se requiere mucha menos energía para mantener ese cuerpo en movimiento. Solo imagina empujar un auto desde un punto muerto. Se necesita un gran esfuerzo para mover el auto hacia adelante, pero luego se necesita menos y menos esfuerzo para mantenerlo moviéndose más y más rápido. Lo mismo sucede contigo.

EJERCICIO DE ESTABLECIMIENTO DE METAS

Toma ahora una hoja de papel en blanco. En la parte superior, escribe la palabra *Metas* y la fecha de hoy. Luego escribe al menos diez metas que te gustaría lograr en los próximos doce meses. Estas pueden ser metas de un día, una semana, un mes, seis meses y/o un año. Pero todos son objetivos que te gustaría lograr antes de que pase un año.

Escribe tus metas de una manera especial de modo que sean más aceptables para tu mente subconsciente, tu centro de energía mental. Escríbelas usando *las tres P*: Personal, Positiva, Presente.

Comienza cada meta con la palabra *yo*. Tu mente subconsciente puede funcionar únicamente si le dices que eres tú mismo quien quiere esa meta. Por ejemplo, puedes decir: "gano esta cantidad específica de dinero para el 31 de diciembre de este año".

Haz que tus metas sean *positivas*. En lugar de decir "no voy a fumar más" di "soy una persona no fumadora". Tu mente subconsciente solo puede aceptar órdenes que estén planteadas en términos positivos.

Escribe tus metas en tiempo presente. Tu mente subconsciente no puede relacionarse con el pasado o el futuro. Por esta razón debes expresar tus metas como si *ya* fueran una realidad, como si ya la hubieses alcanzado y le estuvieras describiendo tu logro a otra persona.

En lugar de decir: "ganaré una cantidad específica de dinero este año", di "gano esta cantidad específica de dinero para una fecha determinada".

Por ejemplo, puedes decir: "conduzco un BMW sedán nuevo de cuatro puertas para el 31 de diciembre de este año". Luego, tu mente subconsciente recibe esto como una orden y comienza a trabajar en ello las veinticuatro horas del día. Desde el momento en que tengas claridad respecto a las metas que quieres lograr y cuándo quieres alcanzarlas, y las pongas por escrito, comenzarás a recibir un flujo constante de ideas y perspectivas que te ayudarán a avanzar con mayor rapidez hacia tu meta, y harán que ésta se mueva a mayor velocidad hacia ti.

UN PROPÓSITO PRINCIPAL DEFINIDO

Después de veintidós años de investigaciones sobre las personas más adineradas de los Estados Unidos, Napoleon Hill escribió que todos los grandes éxitos comenzaban con un "propósito principal definido". La meta más importante para ti. Es el objetivo que, a diferencia de cualquier otro logro, te puede ayudar a alcanzar muchas de tus otras metas.

Mira la lista de diez metas y haz esta pregunta: si en veinticuatro horas pudiese alcanzar una sola meta de las que hay en esta lista, ¿cuál tendría el *mayor impacto positivo en mi vida?*

Por lo general, esta meta saltará de la página. Es la única meta que te emociona y motiva más que cualquier otra cosa. Si pudieras alcanzarla, te haría más feliz que cualquier otra cosa. Sea lo que sea, encierra en un círculo esa meta.

Luego toma una hoja de papel en blanco y en la parte superior escribe las palabras *Logro esta meta para esta fecha*. Esto pone tu meta en la fórmula de las tres P y añade un plazo.

Debajo de estas palabras, haz una lista de todo lo que venga a tu mente que puedes hacer para alcanzar esa meta. Añade a tu lista cada uno de los elementos que pienses.

Luego organízala para que se convierta en un plan. Determina el orden de lso pasos de tu estrategia.

Luego empieza hacer realidad tu lista. Da el primer paso. Sal de tu zona de comodidad y comienza tu viaje para alcanzar la meta que puede hacer la mayor diferencia positiva en tu vida.

Por último, decide hacer algo cada día que te ayude a avanzar hacia tu meta más importante.

EL CREADOR DE MILLONARIOS

Podríamos decir que esta es la *Fórmula que hace millonarios*. Más personas han logrado más triunfos en todo el mundo con esta idea, que con cualquier otro método jamás enseñado o practicado.

Como *te conviertes en aquello en lo que piensas la mayoría del tiempo*, cada mañana al levantarte, piensa en tu principal propósito definido, tu gran meta. A medida que pase el día, piensa en tu meta. Al final del día, piensa en tu meta y revisa cuánto has avanzado para alcanzarla.

Cuanto más pienses en tu meta, más activarás *la Ley de la Atracción*. Comienzas atrayendo hacia tu vida ideas, personas, dinero y recursos que te ayudarán a avanzar cada vez más rápido hacia tus metas.

Y algo más sucede. A medida que comiences a avanzar en tu meta más importante, encontrarás que también progresas en muchas de tus otras metas. Cada parte de tu vida comienza a mejorar. Tu autoestima y autoconfianza crecen. Te sientes más poderoso y capaz de lograr lo que deseas en la vida. Persistirás por más tiempo y nunca te darás por vencido. Con el tiempo, serás imparable.

<<< EJERCICIOS DE ACCIÓN >>>

1. Escribe diez metas que quieras lograr durante los próximos doce meses.

2. Selecciona aquel objetivo que puede tener mayor impacto positivo en tu vida, y enciérrala en un círculo.

3. Escribe un plan para lograr esa finalidad, siguiendo la fórmula de establecimiento y alcance de metas presentada en este capítulo.

2

TIEMPO PRODUCTIVO. CÓMO HACER MÁS

La persona que cada mañana planea
lo que hará en el día y realiza ese plan,
sigue un camino que la guiará por los laberintos
de la más ocupada vida.

—VÍCTOR HUGO

Para alcanzar tu mejor desempeño, tu capacidad para usar bien el tiempo de trabajo y ser altamente productivo, haciendo más en menos tiempo y con mejor calidad tendrá más efectos en tu carrera que cualquier otro factor. Esto se logra cuando planeas, organizas, estableces prioridades y te concentras en el uso más valioso de tu tiempo durante todo el día.

El trabajo productivo requiere de altos niveles de energía mental y física, así como disciplina, concentración y determinación para hacer el trabajo en poco tiempo y bien hecho.

Tu mentalidad respecto a tu trabajo determinará en gran medida cuánto del mismo haces y qué tan bien lo haces. Las tres palabras más importantes al pensar en productividad personal son *claridad, enfoque* y *concentración*.

La primera palabra es *claridad*. El punto de partida para desarrollar mayor claridad, que representa hasta el 95% de tu éxito, está en hacerte y responder de manera constante esta pregunta: ¿Qué resultados se esperan de mí?

En la vida y el trabajo, los resultados lo son todo. Son el principal, si no es que el único determinante de tus ingresos, tu reputación, tu futuro y el concepto que los demás tengan de ti, así como lo que digan.

Quienes tienen éxito en el trabajo, son considerados personas "muy productivas". Desarrollan una reputación por estar "orientados a los resultados". Se convierten en las "personas a quienes acudir" cuando alguien necesita que algo grande e importante se haga, quede bien hecho y se haga a tiempo. Tu meta es ser una de esas personas.

TU MARCA PERSONAL

Cada persona tiene una "marca" mental de las otras personas. Esto suele resumirse en unas pocas palabras que los demás usan cuando piensan en ti y te describen. Tu sello personal determina en gran medida mucho de lo que te sucede en la vida y en el trabajo.

Recientes investigaciones muestran que cuando conoces a una persona, buscas dos tipos de cualidades que constituyen su marca personal. Las primeras cualidades que deseas encontrar son "calidez y confianza". ¿Es una persona agradable en quien puedes confiar y con quien te puedes sentir cómodo? Lo interesante es que tomas esta decisión con respecto a otra persona en tan solo cinco segundos después de conocerla. Y rara vez te equivocas.

La segunda cualidad que las personas buscan es una combinación de "competencia y habilidad". ¿Puede esta persona hacer el trabajo con excelencia y a tiempo? ¿Es competente? La respuesta a estas preguntas suele tomar mucho más tiempo, más pensamiento, más investigación y más experiencia.

LA CALIDEZ Y LA COMPETENCIA SON ESENCIALES

Los siguientes son los hallazgos de los investigadores: si eres una persona cálida y confiable, la clase de persona que agrada a los demás, con quien disfrutan estar y a quien quieren tener cerca, tendrás muchos amigos y buenas relaciones. Pero si tienes la reputación de no ser muy bueno en tu trabajo, o peor aún, de ser incompetente y poco confiable, es posible que sigas agradándoles a los demás, pero también van a sentir lástima de ti.

La razón es la siguiente: las personas reconocen de manera instintiva a una persona agradable que no hace bien su trabajo, y por tanto tiene un futuro limitado. No va a tener éxito a largo plazo. En lugar de ser un ganador, será un no ganador, una persona que no logrará mucho en la vida.

Es posible que la habilidad más importante del mundo laboral sea la "confiabilidad". Esto significa que las personas pueden confiar en que harás un trabajo excelente y a tiempo, todas las veces.

Quienes participan en karaokes tienen una expresión: "Presentación". La pregunta que hacen respecto a un cantante es: "¿cómo es su presentación?" Esta es una descripción de toda la actuación del cantante de karaoke.

En la vida siempre estamos siendo juzgados y evaluados por los demás, así como siempre estamos juzgando y evaluando a otros. Todos los días, en cada situación, te presentas de una manera en particular, haciendo y dejando una impresión específica. El total de las impresiones que das conforman tu marca personal. La pregunta es: ¿cómo te estás presentando?

Tu meta es presentarte como alguien con un desempeño superior. Tu deseo es que los demás piensen y hablen de ti como una excelente persona, alguien con aportes valiosos y consistentes en todas las situaciones. Esta es la mejor reputación.

Y todos conocen la verdad. Todos identifican a los mejores y los más productivos en cualquier entorno de trabajo. Así que la pregunta para ti es: ¿cómo te estás presentando?

LA GRAN PANDEMIA

Una pandemia es una enfermedad o mal que se dispersa en una gran área y afecta a una inmensa cantidad de personas. En la actualidad hay una pandemia de bajo rendimiento que se está extendiendo por todo el mundo occidental. Está minando la productividad, debilitando el carácter, destruyendo las esperanzas y los sueños por el futuro, cortando los deseos de las personas de tener logros y progresar, y manteniendo a millones de personas, en especial a jóvenes, en trabajos con ingresos más bajos de lo que de verdad pueden ganar.

Esta pandemia puede ser denominada la "maldición de las interrupciones electrónicas". Según Robert Half International, en total, un 50% de cada jornada laboral se desperdicia en actividades que no aportan ningún valor a la compañía y que no tienen nada que ver con el trabajo por hacer. Mucho de este tiempo perdido lo provoca la incapacidad que las personas tienen para comenzar y trabajar de manera productiva durante todo el día.

La mayoría de personas entre los veinte y treinta años llegaron al lugar de trabajo en la era del internet. Hoy tenemos Facebook, YouTube, Google, LinkedIn, y Twitter, así como teléfonos inteligentes con más de 1'200.000 aplicativos disponibles al año 2016. Estas aplicaciones son en su mayoría diferentes formas de entretenimiento, diversión y desperdicio del tiempo. Se calcula que en la actualidad el adulto promedio dedica tres horas y media al día para revisar aplicaciones, correo electrónico y mensajes de texto.

Sin ni siquiera saber lo que está sucediendo, las personas adictas a estas distracciones verán alejar sus esperanzas y sueños para el futuro. Como dedican más tiempo reaccionando a las interrupciones electrónicas, trabajan menos, y su trabajo lo hacen mal porque siempre están teniendo distracciones.

TU MUNDO LABORAL

¿Cómo es posible que tantas personas estén teniendo un desempeño y unas ganancias muy por debajo de su potencial? Para responder a esto, debes volver a la primera experiencia que los niños tuvieron con el trabajo: su escuela y su trabajo escolar.

Esto es lo que sucede: cuando eres niño y vas a la escuela por primera vez, por lo general sientes temor e inseguridad. Pero en poco tiempo aprendes que la escuela está llena de otros niños de tu misma edad. ¿Y qué haces con los niños de tu misma edad? ¡Juegas! Pronto empiezas a desear ir a la escuela porque es un lugar donde puedes ir a divertirte con tus amigos.

A medida que avanzas en tus estudios, año tras año, la escuela se convierte en tu principal lugar de juegos. Desde luego, debes hacer cierta cantidad de trabajo escolar y mantener cierto nivel de calificaciones para poder seguir asistiendo, pero en lo que más piensas es en tus amigos y actividades sociales, más que en los estudios como tales.

Si tienes la fortuna de ingresar a la universidad, sigues jugando con tus amigos, ¡pero ahora sin supervisión! La mayoría de personas que ingresan a la universidad, pasan de cuatro a cinco años en un ciclo interminable de actividades sociales con otras personas, estudiando lo suficiente como para evitar la expulsión.

EL MUNDO LABORAL

Cuando terminas tus estudios tomas tu primer empleo. Vas a trabajar el primer día sintiéndote un poco nervioso e inseguro respecto a lo que va a suceder. Entonces te presentan a tus compañeros de trabajo, muchos de los cuales son de tu misma edad. Esto te hace recordar la escuela. ¿Qué haces con las personas de tu misma edad? ¡Juegas!

Hoy en día, el lugar de trabajo es el principal sitio de juegos de los adultos estadounidenses. Se calcula que el empleado promedio en realidad empieza a trabajar alrededor de las 11:00 a.m., y comienza a terminar sus labores alrededor de las 3:30 p.m.

Lo primero que hacen las personas cuando llegan a trabajar es "jugar con sus amigos". Dedican casi el 50% de su tiempo a conversar con sus compañeros de trabajo acerca de temas que no tienen nada que ver con la labor para la que fueron contratados. Cuando no están hablando con sus colegas, están leyendo su correo electrónico, enviando y recibiendo mensajes, revisando publicaciones de Facebook, mirando qué hay para la venta y en dónde, y respondiendo a las múltiples formas de publicidad y correo no deseado. De repente levantan la mirada y el día ha terminado.

Como tantas personas ven el lugar de trabajo como un sitio para jugar, suelen resentirse cuando el jefe pasa y les pide que trabajen. Están tan preocupados con su incesante flujo de interrupciones electrónicas que no tienen tiempo para hacer un trabajo serio.

LA ENFERMEDAD DEL CORREO

El adulto promedio revisa su correo electrónico 145 veces al día. Es por esto que Julie Morgenstern, una experta en manejo del tiempo, escribió un libro titulado *Never Check E-Mail in the Morning*. Más y más empresas y organizaciones, incluso *Harvard Business Review* están llegando a la misma conclusión. Dedicar demasiado tiempo al correo electrónico puede sabotear tu carrera y hacer que te sea casi imposible tener un alto desempeño en tu trabajo.

La razón por la cual el correo electrónico puede ser tan devastador para tu productividad actual y tus posibilidades futuras, es que cada vez que envías o recibes un correo electrónico, tu cuerpo libera una pequeña cantidad de dopamina, un estimulante similar a la cocaína. Lo cual, te da un leve sentido de placer, y hace que de manera inconsciente quieras duplicar esta sensación. Con esta creencia, al enviar o recibir correos electrónicos, revisar mensajes de texto, hacer llamadas telefónicas o comunicarte de cualquier otra manera por medio de tu computadora o teléfono inteligente, comienzas a hacerlo durante todo el día.

Después no vas a poder parar, como si fueras un adicto.

Según un artículo en *USA Today,* cuando respondes correos electrónicos y mensajes de manera continua, tu cerebro se fatiga más y más. Como consecuencia, pierdes unos diez puntos de coeficiente intelectual en el curso del día. De hecho, te vuelves más *tonto* a medida que el día avanza. Al finalizar, tu cerebro está tan cansado que se te dificulta tomar las decisiones más simples, tales como qué cenar o qué ver en la televisión.

TIEMPO DE TRABAJO VERSUS TIEMPO DE JUEGO

La solución para no quedar atrapado en la irresistible "atracción de la distracción" es recordarte de manera constante cuando te dirijas al trabajo, que este es un tiempo productivo, no es tiempo de juego.

Cuando aceptaste tu trabajo, acordaste producir cierta calidad y cantidad de trabajo a cambio de cierta cantidad de dinero y beneficios. Hiciste una promesa y debes cumplirla. Hiciste un contrato y debes responder con los términos del mismo. Cuando concibes el trabajo de esta manera, esto puede cambiar toda tu perspectiva.

Hazte estas preguntas a cada minuto tu día de trabajo:

1. ¿Por qué estoy en la nómina? ¿Para qué me contrataron?

2. ¿Lo que estoy haciendo en este momento es la razón puntual por la cual hago parte de la nómina? ¿Lo que estoy haciendo ahora es el mejor uso de mi tiempo?

Si no estás haciendo las cosas de mayor importancia para las que fuiste contratado, detente ahora mismo y ocúpate en hacer aquello para lo que te contrataron.

TRABAJA CUANDO TRABAJES

Esta es la gran regla para tener éxito en el trabajo: Trabaja siempre que estés trabajando.

Cuando vayas al trabajo, saluda a tus compañeros y comienza tus labores de inmediato. Enfócate y ocúpate de inmediato, como un atleta que se sale del lote en una competencia. Si los demás quieren conversar contigo, sonríe con amabilidad y diles que te encantaría hablar después del trabajo. Mientras tanto, tienes cosas por hacer y un plazo muy limitado. Al final, aquellas personas que desperdician su capital temporal, que no valoran su tiempo o el de los demás, te considerarán alguien poco interesante y se enfocaran en otras personas que tienen más tiempo para perder.

Esta es una sencilla fórmula para el tiempo de trabajo. No revises tu correo electrónico en la mañana. Revísalo dos veces al día, puede ser a las 11:00 a.m. y a las 3:00. Cierra tu programa de correo electrónico durante el resto de horas. Apaga los sonidos, las campanas y los timbres que te recuerden que hay mensajes entrantes. Recuerda, cada vez que escuchas uno de esos sonidos, tienes una inyección de dopamina que te distrae del trabajo y disminuye tu productividad. Déjalos apagados.

ENFOQUE Y CONCENTRACIÓN

La segunda palabra clave para la productividad es *enfoque*. La capacidad que tengas para poner toda tu mente en la tarea más importante, puede ayudarte a avanzar con mayor rapidez en tu carrera, que cualquier otro factor. Las interrupciones electrónicas rompen tu enfoque y te distraen del trabajo, los resultados que debes obtener para tener éxito.

Muchas personas se han visto seducidas por el mito de la *multitarea*. Creen que pueden hacer varios trabajos al mismo tiempo. Pero los expertos han encontrado que la multitarea en realidad es "cambio de tareas", saltar de una a otra, teniendo una mínima concentración duradera en cualquiera de ellas. Peor aún, después de cualquier distracción, necesitas alrededor de diecisiete minutos para volver a enfocarte en una asignación importante.

La tercera palabra clave para la productividad es *concentración*. Todo trabajo importante requiere una concentración exclusiva durante un periodo de tiempo sostenido, hasta finalizar el trabajo. Esto suele llamarse actividad de *mente concentrada* (AMC). Por fortuna, esto es una habilidad, o un hábito, que puedes aprender mediante práctica y repetición hasta que se vuelva fácil y automático.

LOS GRANDES BENEFICIOS

Hay dos grandes beneficios cuando se practican la claridad, el enfoque y la concentración durante todo el día en el trabajo. El primero es que te conviertes en una de las personas más productivas y respetadas en tu organización. Harás mucho más, en menos tiempo y con mayor calidad. Se te asignarán tareas de mayor importancia. Captarás la atención y el respeto de tus superiores. Recibirás mejores pagos y te promoverán más rápido. Tendrás abiertas puertas de oportunidades, y a veces en menos tiempo del que imaginas ahora.

El segundo gran beneficio de practicar la claridad, el enfoque y la concentración es la manera como te sentirás contigo mismo. Toda tu vida laboral, y la mayoría de tu vida personal giran en torno al inicio y la finalización de tareas. Cada vez que comienzas y terminas una tarea, de cualquier dimensión, recibes una ráfaga de energía, entusiasmo y autoestima. Te sientes mejor contigo mismo. Te sientes más feliz. Tu cerebro libera endorfinas, la "droga feliz" de la naturaleza, y te sientes más creativo, más motivado, más confiado y más agradable para con los demás.

SIÉNTETE COMO UN GANADOR

Esta es la fórmula: comienza cada día con una lista de labores que debes completar. Organiza las tareas en orden de importancia. Comienza a trabajar en la más importante, y adquiere la disciplina de no detenerte hasta terminarla.

Siempre que terminas una tarea, recibes una ráfaga de endorfinas, la cual te hace más feliz e impulsa tus sentimientos de autoestima y orgullo personal. Y cuando terminas tu una asignación de gran importancia en el trabajo, experimentas un sobresalto de emoción que te hace sentir maravilloso contigo mismo. Cuando desarrolles el hábito de comenzar y terminar tus labores más importantes, pondrás toda tu vida y carrera en la vía rápida.

Lo opuesto a este sentimiento de felicidad y orgullo personal, que viene de terminar una tarea, es la sensación de frustración e insatisfacción que viene de trabajar hora tras hora y sentir que no estás logrando casi nada. Recuerda, los hechos lo son todo. Serás feliz sólo cuando sepas que estás obteniendo los resultados más importantes que se esperan de ti.

HACIENDO QUE EL TIEMPO DE TRABAJO SEA MÁS PRODUCTIVO

Hay una serie de maneras de usar el tiempo, que aumentarán de manera dramática tu productividad, tu desempeño, tus resultados, tus recompensas y tus ingresos. Como el 95% de lo que haces lo determinan tus hábitos, y los nuevos hábitos se aprenden mediante práctica y repetición, podrás duplicar y triplicar tu productividad después de un mes de practicar las siguientes técnicas comprobadas. Te pondrás en el lado de los ángeles.

HAZ UNA LISTA

La primera técnica de manejo del tiempo es tan sencilla como escribir una lista de todo lo que debes hacer antes de comenzar tu trabajo cada día. Mejor aún, procura que tu última actividad al terminar tu día de trabajo sea hacer un listado de todo lo que debes hacer al día siguiente.

Cuando crees un registro de todo lo que tienes por hacer al día siguiente, tu mente subconsciente trabajará en esa lista durante toda la noche mientras duermes. A menudo, al levantarte en la mañana, tendrás ideas y perspectivas sobre cómo hacer el trabajo mejor y en menos tiempo.

Si algo nuevo surge, escríbelo en la lista. Rehúsate a hacer algo, desde una llamada hasta enviar un correo electrónico, si no lo has escrito. Cuando escribes las cosas en una lista, puedes ver con claridad qué es más importante y qué no lo es.

Según Alan Lakein, un experto en administración del tiempo, ahorrarás el 25% de tu tiempo desde el primer día que comiences a trabajar basándote en una lista y ciñéndote a la misma. En cuestión de tres o cuatro semanas, habrás desarrollado el hábito de hacer listados para cada día y para cada proyecto o actividad multitarea que tengas por hacer. Tu productividad aumentará de inmediato.

ESTABLECE PRIORIDADES BIEN DEFINIDAS

Antes de comenzar a trabajar, organiza tu lista según prioridades. Toma tiempo para dar un paso atrás y pensar en lo que tienes que hacer, reconociendo que nunca vas a lograr hacerlo todo. No importa cuán productivo seas, siempre vas a tener muchas tareas por completar. Siempre vas a tener que elegir qué hacer primero, qué en segundo lugar y cuáles no hacer.

Aplica el principio 80/20 a tu lista. Como recordarás, este principio indica que el 20% de tus actividades representará el 80% de tus resultados. Si tienes una lista de diez actividades planeadas para un día en particular, dos de esas asignaciones tendrán más valor que las otras ocho juntas. En ocasiones, desde luego, una sola tarea tendrá más importancia que todas las demás en conjunto.

Recuerda, no se trata de la cantidad de tiempo que dediques, sino del valor del trabajo y lo que logras en ese tiempo. Tu trabajo es concentrarte en los logros más que en las actividades. Asigna tu tiempo según el valor de la tarea y haz primero lo que sea más importante.

EL MÉTODO ABCDE

Practica el *método ABCDE*. Antes de comenzar tu día de trabajo, revisa tu lista y escribe una de esas cinco letras delante de cada tarea o actividad. Piensa en las posibles *consecuencias* de terminar o no terminar cada tarea. Algo es importante en la medida que tenga grandes consecuencias potenciales. Algo no es tan importante en la medida que tenga pocas o ninguna consecuencia potencial. Las consecuencias finales lo son todo.

Las personas de éxito y muy productivas, dedican la mayor parte de su tiempo de trabajo a realizar actividades que tienen grandes consecuencias potenciales. Las personas que no tienen éxito suelen trabajar con mayor esfuerzo y en un lapso más largo, pero dedican demasiado de su tiempo laboral a realizar actividades que tienen pocas o ningunas consecuencias. No importan si las terminan o no.

Pon las letras A, B, C, D, o E frente a cada tarea de tu lista. Una actividad tipo A, es algo que *debes hacer*. Sus consecuencias potenciales son muy serias si la realizas o no. Si no haces esta tarea o no la finalizas a tiempo, habrá problemas serios. Estas son las cosas más importantes que haces cada día.

Pon una B frente a las actividades que *deberías hacer*, actividades que tienen consecuencias potenciales moderadas si se realizan o no. Estas tareas las debes realizar tarde o temprano, pero no son tan importantes como las tareas tipo A. La regla es nunca hacer una tarea tipo B cuando hay una tarea tipo A pendiente por hacer.

Una tarea tipo C es algo que sería *bueno hacerlo*, pero que no tiene ninguna consecuencia, si se hace o no. Revisar tu correo electrónico, llamar a casa, tomar un café con un compañero de trabajo, todas esas son actividades buenas, pero no importa si las haces o no.

SELECCIONA TUS TAREAS

Por desgracia, la gran mayoría de personas pasan la mayor parte de su tiempo haciendo tareas tipo B y C, y piensan que están trabajando porque las hacen en su lugar de trabajo. Pero esto no es verdad. El que estés en tu lugar de trabajo no significa que, de hecho, estés trabajando.

Pon una D frente a todas esas tareas que puedes delegar a otra persona que las puede hacer y que recibe un ingreso más bajo o tarifa por hora que tú. Si aspiras ganar $25 por hora ($50.000 por año) o $50 por hora ($100.000 por año), no dediques tu tiempo a hacer cosas que otra persona puede hacer por $10 la hora.

Una tarea E es algo que puedes eliminar y que no hará ninguna diferencia. Puede ser una tarea que has estado haciendo por un tiempo pero que ya no es importante. Quizás ya no sea tu responsabilidad hacerla. La puedes eliminar con seguridad sin tener ninguna consecuencia sobre tu carrera.

ORGANIZA TU LISTA

Ahora vuelve a revisar tu lista y organiza tus tareas tipo A por prioridad, escribiendo A-1, A-2, A-3, y así sucesivamente. Haz lo mismo con las tareas tipo B. Por último, comienza con tu tarea A-1, la más importante y la que implica el más valioso uso de tu tiempo. Decide concentrarte por completo en esa labor hasta que esté 100% terminada. Persevera sin ninguna diversión o distracción.

Esta fórmula sencilla, hacer una lista, priorizarla y luego comenzar con tu tarea más importante, es la clave para duplicar y triplicar la calidad y la cantidad de tu desempeño en el trabajo. Es el secreto para obtener grandes resultados. Y recuerda, los resultados lo son todo.

AUMENTA TU RSC

La estrategia de negocios se concentra en ayudar a la empresa a aumentar su retorno sobre capital (RSC), su retorno sobre la inversión. Esto significa que la empresa quiere hacer las ventas más altas y obtener los mejores rendimientos posibles sobre su dinero y esfuerzos invertidos.

Tu capital *personal* es tu energía física, mental y emocional. Tu meta es ganar lo que más puedas de tu trabajo, para también aumentar tu RSE personal, que es tu retorno sobre energía.

Cada minuto que dedicas a planear tu trabajo, te ahorrará al menos 10 minutos en su realización. Todo tu día lo puedes planear en tan solo de 10 a 12 minutos. Pero ganarás dos horas de tiempo productivo, 120 minutos, con solo planear tu trabajo antes de comenzar. Esto es más del 1.000% de retorno sobre energía.

El tiempo y el dinero son intercambiables. Se pueden gastar o invertir. Si gastas tiempo o dinero, los pierdes para siempre. Nunca los recuperas. Pero si *inviertes* tiempo y dinero, puedes ganar una utilidad que puede durar años. Cuando inviertes tu dinero en un activo que da rendimientos, puedes ganar dinero año tras año. Este proceso de inversión es el cimiento de la mayoría de las fortunas.

Cuando inviertes tiempo y dinero en ti mismo, mejorando cada vez más en lo que haces, esa inversión puede aumentar tus ingresos, constituyéndose así en un mayor retorno sobre la energía, que dura muchos años. Si vuelves a invertir en ti mismo esos ingresos que han aumentado, pronto serás una de las personas más valiosas y mejor pagadas de tu industria.

LA LEY DE TRES

Practica la *Ley de tres* en el trabajo. Esta ley dice que no importa cuántas tareas tengas que realizar en el trabajo, solo tres de esas tareas representarán el 90% del valor de tu aporte a la empresa y a ti mismo.

Cuando trabajo con mis clientes, les pido que hagan una lista de todo lo que hicieron durante una semana o un mes. Ellos me presentan veinte, treinta, a veces hasta cincuenta tareas que, según ellos, hacen parte de la descripción de su cargo.

Luego les explico que en el transcurso de su día de trabajo hay tres cosas que constituyen el 90% del valor de todo lo que hacen. En términos de valor, esto significa que todo lo que no hace parte de esas tres tareas principales cae en el 10 por ciento inferior.

La clave para aumentar tu productividad está en identificar tus tres tareas más importantes y trabajar sólo en ellas e ignorar las demás.

Comienza haciendo una lista de todo lo que haces.

Para identificar tus tres tareas más importantes, mira tu lista y haz *las tres preguntas mágicas*.

1. Si hoy solo pudiera hacer una tarea de esta lista, ¿cuál actividad aportaría el mayor valor a mi trabajo y a mi empresa? Encierra en un círculo tu respuesta.

2. Si hoy pudiera hacer dos de las cosas en esta lista, ¿cuál sería la segunda actividad que me permitiría aportar el mayor valor a mi trabajo o a mi empresa?

La respuesta a esta pregunta no es tan fácil como la primera, pero suele ser clara.

3. Si hoy pudiera hacer tres de las cosas en esta lista, ¿cuál sería la tercera actividad que me permitiría aportar el mayor valor?

Cuando te hagas estas preguntas y tengas respuestas claras, te asombrará ver cuán cierta es esta fórmula. Si tan solo hicieras esas tres cosas durante el día, probablemente transformarías toda tu carrera.

La Ley de Tres tiene cuatro corolarios:

1. *Haz menos cosas.* Nunca te atrasarás. Nunca podrás hacer todo lo que está en tu lista. Para obtener el control de tu vida, debes dejar de hacer una gran cantidad de cosas pequeñas.

2. *Haz cosas más importantes.* Realiza las tres tareas de mayor importancia que has identificado, y no hagas otra cosa, hasta que no tengas más de esas tareas por hacer.

3. *Haz tus tareas más importantes la mayor parte del tiempo, preferiblemente durante todo el día.* Cuando más tiempo dediques a hacer las cosas más importantes, más productivo serás en lo externo y más feliz te sentirás en tu interior.

4. *Mejora en tus tareas más importantes.* El automejoramiento continuo en el área de tus tareas más importantes es la mejor inversión que puedes hacer. Te permite aumentar de forma dramática tu

productividad, tu desempeño y tus resultados, así como hacer más en menos tiempo.

Decide hoy mismo que vas a ganar la reputación de la persona más trabajadora en tu organización. Pero no se lo digas a nadie. Mantelo para ti mismo.

Imagina que hay un concurso para la persona más productiva en tu negocio, pero eres el único enterado del concurso. En lugar de decirlo a otros, deja que los demás lleguen a sus propias conclusiones con solo observar tu trabajo. Y recuerda: *trabaja siempre que estés trabajando.*

<<< EJERCICIOS DE ACCIÓN >>>

1. Cada día haz una lista de todo lo que planeas hacer.

2. Establece prioridades en tu lista y comienza a trabajar en aquella actividad que represente el uso más valioso de tu tiempo.

3. Adquiere la disciplina de comenzar con tu tarea más importante, trabajar con total concentración en la misma hasta terminarla.

3

TIEMPO PARA MEJORAR LOS INGRESOS

El pensamiento es la fuente original de toda riqueza, todo triunfo, toda ganancia material, todos los grandes descubrimientos e inventos, y de todo logro.

—CLAUDE M. BRISTOL

Todo el mundo quiere ganar más dinero, tener un salario alto, y lograr independencia financiera en su profesión. Tu manera de pensar con respecto a tus ingresos y cómo poder aumentarlos, es una de las habilidades mentales más importantes que puedes desarrollar.

A veces abro un seminario haciendo esta pregunta: "¿cuál es tu activo *financiero* más valioso?"

Los asistentes suelen pensar su respuesta por un momento y luego dan respuestas tales como "mi casa", "mi cuenta bancaria", y "mi empresa".

Luego les digo que su activo financiero más valioso es su *capacidad de ganancia*. Esto se define como la capacidad de obtener aquellos resultados por los que otros están dispuestos a pagar. Puedes perder todo tu dinero sin que sea tu culpa, pero mientras mantengas tu capacidad de ganancia, puedes regresar al mercado laboral y volver a ganarlo todo. Esto es lo que muchas personas exitosas hacen a lo largo de sus vidas.

Tu capacidad de ganancia es la suma total de tus conocimientos, tus habilidades, experiencia, estudios, trabajo duro y los resultados que has logrado en el curso de tu vida y de tu carrera. Te ha tomado toda la vida desarrollarlo.

¿APRECIACIÓN O DEPRECIACIÓN?

Dado que tu capacidad de ganancia es un activo, como cualquier otro bien, se puede *apreciar* o *depreciar* en valor con el tiempo. Puede estar ganando valor cuando actualizas de manera constante tus conocimientos y destrezas, haciendo que seas más y más valioso, haciendo más de las tareas que las personas valoran en gran medida y por las que están dispuestos a pagar.

Tu capacidad de ganancia puede ser un "activo depreciable" si no actualizas continuamente tus habilidades y destrezas mediante estudio y esfuerzo. Pero como nuestra economía tiene cambios rápidos y hay una demanda continua de nuevas destrezas, tu capacidad de ganancia nunca permanece al mismo nivel.

Gary Becker, el economista ganador del Premio Nobel en la Universidad de Chicago, indicó que en nuestra sociedad no tenemos una "brecha de ingresos". En lugar de eso tenemos una "brecha de habilidades". Las personas cuyas destrezas tienen alta demanda, y permiten a los empleadores obtener excelentes resultados los cuales pueden convertir en dinero al producir y vender más de sus productos y servicios, siempre están ocupadas, siempre tienen empleo y siempre reciben un buen salario.

LAS HABILIDADES SE VUELVEN OBSOLETAS

Por otro lado, quienes tienen habilidades obsoletas, destrezas que ya no están en demanda, suelen permanecer desempleados por muchos meses, e incluso años. Lo que Becker encontró fue lo siguiente: la principal diferencia entre las personas empleadas en el 20% superior, esas personas cuyos ingresos en promedio aumentaban un 11% cada año, y las personas en el 80% inferior, aquellas cuyos ingresos aumentaban 3% o menos por caño, era su compromiso con el aprendizaje continuo. Las personas con mejores salarios siempre estaban leyendo, aprendiendo y actualizando sus destrezas.

K. Anders Ericsson, el fundador de estudios de desempeño élite, concluyó que, durante el primer año de trabajo, la mayoría de personas aprenden muy bien su labor como para no ser despedidos. Después de esto, nunca mejoran. Nunca avanzan. Diez años después de comenzar su trabajo, no son más productivos de lo que eran después del primer año. Esto parece aplicarse al 80% de la fuerza laboral de hoy.

APRENDICES DE POR VIDA

Quienes integran el 20% superior son aprendices continuos. Siempre están añadiendo más cosas a su repertorio de conocimientos y destrezas. Leen, estudian y practican nuevas ideas. Nunca dejan que la presión les impida crecer y mejorar.

Como lo dijo el Director Ejecutivo de Fortune 500: "nuestra verdadera fuente de ventaja competitiva sostenible es la capacidad que tenemos de aprender y aplicar nuevas ideas más rápido que nuestra competencia".

Estas palabras se aplican a ti. Tu única fuente personal de ventaja competitiva sostenible, para mantenerte a un alto nivel de empleabilidad y de ingresos, es tu capacidad de aprender y practicar nuevas destrezas que las personas necesitan para obtener más y mejores resultados.

Ericsson encontró que las personas con mejor desempeño en cualquier campo pasan más tiempo practicando y actualizando sus habilidades que aquellas con bajo rendimiento. Esta diferencia constituye en gran medida la inmensa desigualdad de ingresos que vemos en nuestra sociedad.

IDENTIFICA TU HABILIDAD MÁS IMPORTANTE

Ericsson investigó a ejecutivos que comenzaron a trabajar con empresas grandes y que, con los años, avanzaron a altas posiciones de gerencia, a veces llegando a ser los directores ejecutivos o presidentes, ganando hasta 301 veces más (2016) el ingreso promedio del personal de sus empresas.

Él encontró que la mayoría de estas personas practicaban una estrategia sencilla que habían usado a lo largo de sus carreras. Tan pronto como comenzaron en su primer trabajo, fueron con su jefe y le preguntaron «¿Qué habilidad, si fuera muy bueno en ella, me ayudaría a hacer un aporte más valioso a mi trabajo?»

Las respuestas de los jefes indicaban que, si eran muy buenos en mercadeo, o en desarrollo de equipos, o haciendo presentaciones, o leyendo informes financieros, o cualquier otra cosa, entonces podrían hacer su trabajo mucho mejor y dar un aporte más valioso.

Con esto, el nuevo empleado seguía el consejo, como un perro corre tras su juguete, y comenzaba de inmediato a trabajar para desarrollar esa destreza. Hacía que el desarrollo de esa habilidad fuera una meta y creaba un plan de aprendizaje. Elaboraba una lista de todo lo que podía hacer para mejorar en esa área. Encontraba los libros que debía leer, los cursos y talleres a los que debía asistir y los programas de audio que podía escuchar mientras se dirigía al trabajo.

EL NÚMERO MÁGICO

Este es el número mágico. Ericsson encontró que estas personas invertían dos horas diarias, cinco días a la semana, para aprender las nuevas habilidades.

Cada semana tiene 168 horas (veinticuatro horas multiplicadas por siete días). Al invertir diez de esas horas en promedio, las personas que apenas estaban comenzando en los cargos más inferiores de sus corporaciones y al comienzo de sus carreras, pudieron avanzar de manera continua y cada vez más rápido. Al ir desarrollando más conocimiento y habilidades, siguieron mejorando su capacidad de ganancia, su capacidad de obtener resultados.

Mientras sus amigos socializaban, iban a fiestas y miraban deportes en televisión, estas personas de grandes logros sacaban dos horas diarias, cinco días a la semana para mejorar más y más en sus trabajos.

Albert Einstein escribió: "La combinación es la fuerza más poderosa del universo". Esto se aplica al dinero y también a las habilidades.

Estos ejecutivos de éxito descubrieron desde un comienzo en sus carreras que cada vez que aprendían una nueva habilidad, podían combinarla con otras, combinando un valor total de todos sus conocimientos y destrezas. Por lo tanto, como empleados se hacían más y más valiosos.

Con el paso del tiempo, he encontrado que muchas personas están a tan solo una habilidad de distancia para duplicar sus ingresos. Si pudiesen desarrollar una habilidad más clave, apalancando las destrezas y experiencias que ya tienen, podrían ser el doble de valiosos para su empresa, y recibir el doble de su salario.

CONSIDÉRATE UNA PERSONA QUE TRABAJA POR SU CUENTA

El 3% superior de las personas de cualquier industria aceptan grandes niveles de responsabilidad para ellos mismos, para todo lo que hacen y todo lo que llegan a ser. Como consecuencia, se ven a sí mismos como personas que trabajan de manera autónoma. Se comportan como si fueran los propietarios de la empresa para la que trabajan.

Robert Reich, un ex secretario de trabajo de los Estados Unidos, dijo que cuando entraba a una empresa podía determinar de inmediato el tipo de cultura que ésta había desarrollado. Dijo que esto se observaba en los pronombres que los empleados usaban cuando hablaban de la compañía y de ellos mismos.

En las mejores empresas, las personas usaban las palabras *nosotros* y *nuestro*. En las mejores empresas, las personas sentían y actuaban como si la empresa les perteneciera. Tenían un compromiso total. Aceptaban altos niveles de responsabilidad para los resultados de su lugar de trabajo.

En las compañías con bajo rendimiento, las personas usaban los pronombres, *ellos* y *su*. Veían a la empresa como algo completamente ajeno a ellos mismos, una entidad que les proporcionaba empleo con un salario y eso era todo. Es por esto que se estima que un 65% de los empleados de hoy están oficialmente desvinculados de su trabajo. Siguen la rutina cada día, hacen un mínimo esfuerzo, leen los anuncios de búsqueda de empleos en internet y sueñan con hacer un trabajo diferente.

TÚ ERES EL PRESIDENTE

El personal de alta gerencia es muy diferente. Ellos entienden que son los funcionarios ejecutivos, los presidentes, de sus propias carreras. Se consideran a sí mismos como los presidentes de una compañía llamada "Tú, Inc.".

En una ocasión, Earl Nightingale dijo: "el peor error que puedes cometer es pensar que trabajas para cualquier otra persona menos para ti mismo". Tú siempre eres un empleado independiente.

No importa quién pague tu sueldo, siempre eres tú el dueño de ese sueldo. Siempre estás trabajando para ti. Tú eres el presidente de una corporación de servicios personales con un solo empleado, tú mismo. Tienes un producto a la venta en un mercado competitivo, tus propios servicios personales.

Tus recompensas en la vida y en tu carrera las determinará el valor de tus servicios prestados a otros, tus habilidades para aportar a tu empresa y tu capacidad de añadir valor de manera continua por medio de tu carrera.

¿QUÉ DETERMINA TU INGRESO?

Tu ingreso lo determinarán en gran medida los siguientes tres elementos: el trabajo que haces, qué tan bien lo haces y cuán difícil sea reemplazarte.

Si no estás feliz con tus ingresos, debes hacer un trabajo diferente o hacer mejor lo que haces ahora, y debes hacerte indispensable para tu empresa, de modo que les resulte muy difícil encontrar alguien que te reemplace.

Debido a estos tres factores, el desempleo o el subempleo, los ingresos altos o bajos, y ganar por debajo de tu verdadero potencial, en gran medida son elecciones personales que *tú mismo determinas*. Con el tiempo, cada persona define en gran parte sus propios ingresos. Cada persona decide cuánto va a ganar. Cada persona decide cuál es su propio futuro financiero por medio de lo que hace y lo que deja de hacer.

Ludwig von Mises, el gran economista, escribió: "toda acción tiene una consecuencia o consecuencias". La habilidad para predecir con exactitud las consecuencias de tus acciones es una marca de un pensador superior. Von Mises indicó que *todo* lo que tenga una consecuencia puede ser considerado una acción, incluso una inacción, aun no hacer nada bajo ciertas circunstancias.

Así como hay cosas que tienen consecuencias o resultados en tu vida, lo que no haces también puede tener consecuencias. Y tus *inacciones* a veces tienen mayores consecuencias de las que puedas imaginar.

Una persona que llega al trabajo en el último minuto, pasa la mayor parte del día socializando con sus amigos, toma extensos descansos y más del tiempo de almuerzo, y sale lo más temprano posible, está realizando acciones que pronto tendrán consecuencias negativas en su carrera. El no actualizar tus destrezas, no usar bien el tiempo o no trabajar con esfuerzo haciendo tus tareas más importantes son inacciones que también pueden tener grandes consecuencias negativas.

LA NATURALEZA ES NEUTRAL

Todos quieren ganar más dinero, tener mejores salarios, ser promovidos en menos tiempo y lograr su independencia financiera. Pero la naturaleza es neutral. No tiene favoritos. Es como la estatua de la justicia con una venda en los ojos. La naturaleza solo dice: "si quieres tomar más, debes poner más".

También dice: "no puedes tomar más de lo que pones".

Una de mis citas favoritas es de Goethe, el filósofo alemán. Él escribió: "la naturaleza no sabe de bromas. Siempre dice la verdad. Siempre es severa. Siempre tiene la razón, y los errores y fallas siempre los comete el hombre. Ella desprecia al hombre incapaz de apreciarla, y solo se abre y revela sus secretos al apto, al puro, al verdadero".

Estas palabras se aplican en todo aspecto al mundo laboral.

La naturaleza dice que puedes tener todo el dinero que quieras, pero tendrás que ganarlo sirviendo a los demás con lo que ellos quieren, necesitan y por lo que están dispuestos a pagar.

Ely Callaway, fundadora de Callaway Golf, en una ocasión dijo: "tu empresa está diseñada hoy para obtener exactamente los resultados que está obteniendo hoy, y no puede ser de otra manera".

Lo mismo sucede contigo y tu corporación de servicios personales. Tu vida y carrera, incluyendo tus habilidades, lo que haces y cuán bien lo haces, te están dando los resultados que estás obteniendo hoy. Si quieres obtener más y mejores resultados, debes hacer mejor tu trabajo, aumentar tu valor y, en especial, desarrollar nuevas y mejores destrezas que te permitan hacer un aporte aún mayor a tu empresa.

PIENSA EN LAS CONSECUENCIAS

Tu capacidad para aprender y aplicar nuevos conocimientos y habilidades, tiene una de las mayores consecuencias potenciales para tu vida. Esto significa que tanto si siempre estás aprendiendo y creciendo, como si dejas de hacerlo, las consecuencias pueden ser enormes para tu vida.

La adquisición o desarrollo de una habilidad clave además de tu conjunto de destrezas actuales, por lo general puede duplicar tu valor y tus ingresos en muy poco tiempo.

Algunas de las palabras más importantes en los negocios de hoy son *modelo de negocios* y *propuesta de valor*. En ambos casos, hacen estas preguntas con respecto a un producto:

¿Qué es?

¿Qué hace?

¿Qué problemas resuelve? ¿Qué resultados obtiene?

Estas preguntas también se aplican a ti y a tus servicios personales. Se aplican a las necesidades que cambian con tanta rapidez, a los deseos y exigencias de los clientes (empleadores) en respuesta a la competencia y las fuerzas del mercado.

Estas son preguntas que debes tomar tiempo para hacerte y responder una y otra vez a lo largo de tu carrera. El tiempo que dediques a la autoevaluación puede ser el más importante y valioso para tu vida.

> ¿Cuáles son tus habilidades esenciales, tus principales competencias?
>
> ¿Cuál es el trabajo más importante y valioso que haces?
>
> ¿Cuáles son los resultados y beneficios más importantes que logras para tu empleador y tu negocio?
>
> ¿En qué eres bueno hoy? ¿En qué debes ser bueno dentro de seis meses o un año a fin de tener éxito en tu carrera?
>
> ¿Cuál es la habilidad que, si fueras muy bueno en ella, tendría el mayor impacto positivo en tu vida y en tu carrera?
>
> ¿Qué destreza te ayudaría más a duplicar tus ingresos?

La última pregunta es quizás la más importante para avanzar en tu carrera. Tu respuesta cambiará a medida que acelere la velocidad de crecimiento en información, tecnología y competencia. ¿Cuál es tu plan para desarrollar esa habilidad?

CREA UN PLAN DE EXCELENCIA PERSONAL

¿Cuál es tu plan para ser uno de los mejores en tu industria?

Las personas no planean fracasar, solo fracasan en planear. Tu meta debería consistir en aprender una habilidad a la vez, y aprender una tras otra. El descubrimiento interesante es que en la medida que te concentres por completo en aprender y desarrollar tu habilidad más importante, comienzas a mejorar también, y casi de manera inconsciente, en todas las demás habilidades.

Al concentrarte en el desarrollo de habilidades individuales, cambias tu mentalidad y la manera de usar tu tiempo, hora a hora y día a día. Te conviertes en una máquina de aprendizaje, absorbiendo todo el tiempo nuevos conocimientos.

Las personas de mayor éxito se dedican a aprender de manera constante, como si todo el futuro de su carrera dependiera de ello, porque así es.

Decide incluir hoy en tu vida un tiempo de aprendizaje, todos los días, cada semana, cada mes. En tu casa o departamento, crea un espacio para aprender. Establece un horario para estudiar durante cierto tiempo cada día, y adquiere la disciplina de respetar ese espacio.

Debes estar dispuesto a pagar por anticipado, una y otra vez, el precio del éxito, incluso durante años si fuere necesario, con el fin de llegar a la cima de tu campo.

La buena noticia es que puedes aprender todo lo que necesitas para alcanzar cualquier meta que te traces. Y cuanto más aprendes, más puedes aprender.

Cuando te concentras en aprender nuevos temas, activas más y más tu capacidad cerebral, tus ganglios y tus neuronas, las cuales están conectadas a cientos y miles de otras neuronas. Como consecuencia, te haces más y más inteligente. Tu mente funciona más rápido y con mayor claridad. Luego puedes aprender aún más acerca de temas nuevos y con mayor rapidez.

Cuando te conviertes en un aprendiz constante, tu potencial se hace ilimitado.

<<< EJERCICIOS DE ACCIÓN >>>

1. Identifica aquella destreza que, por encima de cualquier otra habilidad, si fueras excelente en ella, te permitiría hacer un aporte más valioso.

2. Haz que una de tus metas se enfoquen a desarrollar esta habilidad, crea un plan de aprendizaje para adquirirla, y luego trabaja, teniendo como único objetivo dominarla sin importar cuánto tiempo tome.

3. Separa como mínimo diez horas semanales para aprender, estudiar y desarrollar tu habilidad más importante.

4

TIEMPO LIBRE

Todas las riquezas se originan en la mente.
La riqueza está en las ideas, no en el dinero.

—ROBERT COLLIER

Uno de los tipos de tiempo más importantes en tu vida es uno en el que piensan pocas personas: tu tiempo libre.

Cada semana tiene 168 horas. La persona promedio trabaja 8 horas al día (40 horas a la semana), duerme 8 horas diarias (56 horas por semana), y dedica 4 horas diarias (28 horas semanales) para vestirse, comer y desplazarse al trabajo. Estas tareas consumen hasta 124 horas, dejando 44 horas semanales para tiempo libre.

Por desgracia, las personas dedican la mayor parte de este tiempo a socializar, ver televisión o en actividades de entretenimiento de alguna clase, tales como redes sociales, televisión, conversaciones con amigos y otras actividades de ocio.

Pero lo que hagas con tu tiempo libre puede hacer toda la diferencia entre el éxito y el fracaso en la vida. Puedes usarlo en actividades de placer o puedes invertirlo en tu futuro.

LOS SUBPRODUCTOS DE LA VIDA

Muchos fabricantes, en especial los que usan grandes cantidades de materias primas y recursos naturales en sus procesos de producción, se deshacen de grandes cantidades de subproductos. En los alrededores de muchas fábricas puedes ver grandes escombreras de subproductos que en algún momento se deben eliminar de manera correcta.

Con el paso del tiempo y los avances de la ciencia, estos subproductos suelen convertirse en productos nuevos. Muchos subproductos que en otro momento fueron desechados, ahora pueden convertirse en elementos útiles, usando así más y más del subproducto, dejando cada vez menos material para eliminación.

En ocasiones, el subproducto de un proceso de fabricación resulta ser más rentable que el producto principal en producción.

Por décadas, la corporación Bayer Chemical de Alemania creó grandes cantidades de ácido acetilsalicílico en el proceso de fabricación de otros productos químicos. Este polvo cristalino, se almacenaba en grandes montones fuera de la fábrica antes de ser remolcado para su eliminación.

Durante varios meses, un ejecutivo de Bayer, veía por su ventana que muchos de los trabajadores al llegar los lunes por la mañana, se detenían para recoger y tragar un puñado de este polvo cristalino.

Cuando les preguntaron por qué hacían esto, ellos respondieron que ese polvo era un gran analgésico que les quitaba dolores de cabeza y musculares que tenían por trabajar y beber en exceso durante el fin de semana.

Esto condujo al descubrimiento de las notables propiedades de lo que Bayer comercializó como Aspirina.

En la actualidad, la Aspirina de Bayer es uno de los medicamentos multipropósito de venta libre más rentables del mundo. La aspirina de Bayer ha generado una fortuna para la empresa, muchos billones de dólares y quizás más de lo que estaba ganando con su químico original que daba como subproducto la Aspirina.

TU SUBPRODUCTO PERSONAL

En tu vida, el tiempo libre también es un subproducto. Si eres inteligente en su uso, en lugar de desperdiciarlo o descartarlo, puedes hacerte más valioso, ganar más dinero e incluso llegar a ser uno de los mejores en tu campo.

El tiempo libre es el verdadero subproducto de tu ocupada vida.

Si estás viviendo una vida normal, tienes alrededor de cuatro horas diarias de tiempo libre, y quizás dieciséis horas los fines de semana.

El uso que le des a este tiempo libre determina en gran medida tu futuro y gran parte de lo que lograrás en los meses y años por delante.

Cuando inviertes de manera constante en tu subproducto, tu tiempo libre, aprendiendo nuevas ideas y desarrollando nuevas destrezas, por algún misterioso proceso, el conocimiento y las habilidades adicionales se combinan con tu base de destrezas actuales, y te permite multiplicar los resultados y llegar a ganar mucho más que quienes te rodean.

CONVIÉRTETE EN ALGUIEN CON INGRESOS ELEVADOS

La regla 80/20 afirma que el 20% de las personas que mejor ganan en cualquier campo, ganan el 80% del dinero que se paga en dicha industria. Esto ya lo has escuchado antes, pero ¿alguna vez has desarrollado por escrito lo que esto significa?

Imagina que hay 100 empleados en una empresa que tiene una nómina total mensual de $1 millón, pero el 20%, veinte personas, ganarán el 80% de la suma total, es decir $800.000. El otro 80%, ganará $200.000.

Si sigues con tu cálculo, encontrarás que el ingreso promedio de quienes integran el 20% es de $40.000 por persona ($800.000 dividido 20).

El ingreso promedio de quienes integran el 80% inferior es de $2.500 por persona ($200.000 dividido 80).

¿Cuál es la proporción de ingresos entre los que ganan mucho y los que ganan poco? Es $40.000 dividido $2.500, o una diferencia de dieciséis veces en ingresos a cambio de trabajar las mismas ocho horas.

Este principio es real en todo el mundo. Quienes integran el 20% superior ganan en promedio dieciséis veces el pago promedio de los que están en el 80% inferior. Las personas en el 20% superior (el 4%) ganan mucho, mucho más.

MI HISTORIA

Cuando tenía veinticuatro años de edad, con mis zapatos rotos y luchando por comenzar a trabajar en ventas de comisión directa, otro vendedor me preguntó si alguna vez había oído hablar de la regla 80/20: el 20 por ciento superior de las ventas generan el 80 por ciento de los ingresos.

Nunca antes había oído hablar de esa estadística, el Principio de Pareto. Pero en ese momento, de repente, pensé que debía elegir. Podía ganar poco o podía ganar mucho. En aquella época ganaba poco, muy poco. Así que tomé la decisión de hacer lo que fuera necesario para llegar al 20 por ciento superior.

Esa decisión cambió mi vida. Desde aquel día en adelante comencé a preguntarles a las personas de éxito, qué hacían de diferente que yo no hacía. Leí libros escritos por triunfadores. Escuché audios sobre éxito y ventas, producidos por personas triunfadoras. Asistí a seminarios dictados por personas de éxito en donde explicaban con precisión lo que habían hecho para comenzar en la base y llegar a la cima.

Algo que aprendí fue que todos los que integran el 20 por ciento superior comenzaron en el 20 por ciento inferior. Todo al que le está yendo bien hoy, no le fue muy bien en el pasado. Casi todos los ricos de hoy fueron pobres. Y el principal momento decisivo en las vidas de los mejores fue cuando tomaron la decisión de convertirse en uno de los mejores en su campo.

Decide hoy convertirte en un miembro del 20 por ciento superior de tu campo. Si ya estás en ese rango, decide estar en el 10 por ciento superior.

ESTABLECE UNA META CLARA PARA TI MISMO

No puedes dar en un blanco que no ves. No puedes alcanzar una meta si no sabes cuál es. Cualquiera sea el campo en el que estés hoy, encuentra cuánto ganan los del integran el 20% superior. Luego establece como meta llegar a ese nivel de ingresos.

Esta es la buena noticia: cuando hayas decidido hacer parte del 20% superior de tu campo, nada ni nadie podrá detenerte, mientras tú no renuncies. Tu propia determinación es más fuerte que cualquier otra influencia.

¡Toma una decisión! Nunca he conocido a nadie, en ninguna parte del mundo (120 países) que no haya llegado al 20% superior después de haber tomado esa decisión del tipo "lograrlo o morir", para hacer lo que fuera necesario para alcanzarlo.

Y nunca he conocido a nadie que haya llegado al 20% superior que no haya tomado esa decisión y la haya respaldado con meses e incluso años de trabajo muy duro.

El lema de esas personas es: "¡Seguiré hasta...!". El problema en la sociedad actual no está en la brecha de ingresos. Es más bien una brecha de habilidades. Las personas mejor pagadas tienen habilidades que están en demanda. Quienes tienen los salarios más bajos, no.

Pero las habilidades no se reparten como dulces de Halloween. Se desarrollan a lo largo de extensos periodos de esfuerzo paciente y decidido.

SIGUE APRENDIENDO Y CRECIENDO

Quienes integran el 20% superior usan de manera adecuada su tiempo libre. Siguen aprendiendo y creciendo a lo largo de sus carreras. Como consecuencia, sus ingresos aumentan en promedio un 11% cada año. Con una tasa de crecimiento del 11% anual, y el poder de la combinación, tus ingresos de duplicarán cada 6,7 años.

Esto significa que, si a la edad de veinte años comienzas a mejorar más y más cada año, estudiando en promedio diez horas semanales, a la edad de veintisiete años estarás ganado el doble de lo que ganabas al comenzar. Para cuando tengas treinta y cuatro años, habrás duplicado una vez más tus entradas y estarás ganando cuatro veces más. Serás una de las personas mejor pagadas de tu industria.

Si sigues mejorando, aumentando tu productividad, desempeño e ingresos un 11% cada año, a la edad de treinta y nueve años, habrás duplicado una vez más tus ingresos y estarás rumbo a tener tu propia fortuna. Si sigues haciendo esto toda tu vida, para cuando llegues a los cuarenta y cinco años, estarás en el 10% superior, o incluso en el 1% más elevado de personas con mayores ingresos en el mundo de hoy.

Las personas en el 20% superior siguen aprendiendo y creciendo a lo largo de sus carreras. Las personas en el 80% inferior dejan de aprender y de desarrollar nuevas destrezas tan pronto como dominan los requisitos básicos de sus trabajos. ¿Cuál eres tú? ¿Cuál quieres ser en los próximos años? Decide hoy usar diez horas de tu tiempo libre cada semana para invertir en tu futuro. Será una de las mejores decisiones que tomes.

<<< EJERCICIOS DE ACCIÓN >>>

1. Haz que el poder de la combinación obre a tu favor adquiriendo nuevas destrezas durante tu tiempo libre.

2. Decide unirte al 20% superior de personas mejor pagadas de tu campo de trabajo.

3. Encuentra qué es lo que hacen durante su tiempo libre las personas con los más altos ingresos y haz lo mismo una y otra vez hasta que se convierta en un hábito de pensamiento y acción.

5

TIEMPO DE TRABAJO

Sé fiel a lo que mejor sabes. Este es tu gran ideal. Si das lo mejor de ti, no puedes hacer más.

—H. W. DRESSER

La forma como uses el tiempo de trabajo determinará tu éxito, progreso e ingresos más que cualquier otro factor. La tragedia es que la mayoría de las personas trabajan muy por debajo de sus verdaderas capacidades.

Nada te hará avanzar a mayor velocidad que tener una reputación de buenos hábitos de trabajo. Cuando eres muy productivo, atraes más y más oportunidades. Pero uno de los mayores obstáculos para un alto desempeño es la misma estructura de trabajo.

Hay un dicho que afirma: "No puedes terminar ningún trabajo en el trabajo".

La razón es porque gran parte de tu tiempo lo gastas en otras personas y situaciones, en especial cuando no se trabaja solo sino con grupos dentro y fuera de tu empresa. Consumes una buena cantidad de tu tiempo atendiendo las exigencias de los demás.

Sin embargo, es esencial que aprendas a trabajar con y en torno a grupos de personas, las cuales tienen fortalezas complementarias, conocimientos y habilidades con las que necesitas contar para hacer tu labor. Pero, la pregunta siempre es: ¿cómo puedes terminar de hacer tu trabajo en el trabajo?

BRILLANTE EN LO ESENCIAL

Hagamos una rápida revisión de lo primordial para el buen uso de tu tiempo:

1. Establece metas y objetivos claros. Debes conocer con precisión por qué estás trabajando y qué quieres lograr.

2. Planea tu trabajo en detalle, por escrito. Necesitas planes de acción detallados, organizados por secuencia y prioridad para una labor productiva.

3. Establece prioridades claras en tus tareas. Siempre debes ocuparte en tus actividades de mayor valor.

4. Trabaja siempre que estés trabajando. Debes aprender a concentrarte de manera exclusiva en una sola cosa, la más importante, en cualquier momento y seguir haciéndola hasta terminar. Esto exige una gran fuerza de voluntad y autodisciplina, pero la recompensa en éxito profesional hace que el esfuerzo de verdad valga la pena.

El tiempo es un ingrediente indispensable para el logro. Todo lo que quieres hacer en el trabajo requiere tiempo. La única manera en la que puedes obtener suficiente tiempo para hacer lo que de verdad debes hacer, es conservando el tiempo que por lo general dedicarías a hacer otra cosa. Esto puede lograr una diferencia en tu trabajo y en tu vida.

Estás rodeado de personas y situaciones que durante todo el día desperdician tu tiempo y afectan tu efectividad. La práctica de una autodisciplina rigurosa puede liberarte de esos ladrones de tiempo.

LOS SIETE PRINCIPALES ELEMENTOS QUE HACEN PERDER EL TIEMPO

En el mundo laboral hay siete aspectos principales que hacen perder tiempo, los cuales han sido identificados en cientos de estudios y encuestas de opinión. Tu capacidad para tratar con ellos de manera efectiva determinará en gran medida cuánto éxito vas a tener en tu carrera.

A. Interrupciones de teléfono, correo electrónico y a mensajes de texto

El primero de estos elementos son las interrupciones por llamadas telefónicas, correos electrónicos y mensajes de texto. Cuando el teléfono o el correo electrónico suenan, tu impulso de pensamiento se interrumpe y te distraes de la tarea que estás haciendo. Cuando terminas una llamada o dejas de mirar la pantalla, te resulta difícil retomar el trabajo que estabas haciendo.

Hay siete maneras de tratar con las interrupciones del teléfono y del correo electrónico:

1. Usa el teléfono y el correo electrónico como herramientas de trabajo. Inicia y termina una llamada o comunicación electrónica lo más rápido posible. No socialices cuando estés trabajando. Haz que tus llamadas o mensajes sean lo más eficientes posibles. Debes disciplinarte para usar el teléfono y la computadora como herramientas de negocios entre las nueve de la mañana y las 5 de la tarde. Esto se aplica también a tu teléfono inteligente.

2. Haz filtrar tus correos electrónicos y llamadas, o fíltralos tú mismo. Identifica quién te está llamando antes de contestar. Supera la curiosidad natural que surge en ti cuando te llaman personas que no conoces.

3. Cuando sea posible, separa periodos de tiempo durante el día en los que no permitas interrupciones. No te esclavices de un teléfono, correo electrónico o mensaje de texto que suenan todo el tiempo. Déjalos apagados. No hay nada tan importante que no puedas revisar en otro momento, cuando sea más conveniente para ti.

4. Cuando hagas una llamada o envíes un correo electrónico, establece horas definidas para responder o para recibir una llamada de respuesta. Diles a los demás a qué hora vas a estar disponible para atender el mensaje o la llamada. Evita jugar a "las traes" por teléfono o correo electrónico. Deja un número telefónico si es una emergencia.

5. Junta tus actividades de llamadas y de correo electrónico. Usa la curva de aprendizaje. Haz todas tus llamadas telefónicas o responde todos tus correos electrónicos en un solo momento. No los dispersas a lo largo del día. A veces puedes acumular tus llamadas o mensajes de correo electrónico hasta las 11:00 a.m. y responderlos todos al medio día. Luego puedes acumularlos de nuevo hasta las 3:30 p.m. y responderlos antes de las 4:30.

6. Planea con antelación tus llamadas y correos electrónicos. Considera cada llamada de negocios como si fuera una reunión y escribe una guía o

agenda para los puntos que quieres tratar en la llamada o en el mensaje que vas a escribir.

7. Toma buenas notas. Cuando hables por teléfono, escribe cada punto importante que la otra persona y tú desarrollen. Nunca respondas una llamada sin tener una libreta de papel frente a ti y un lápiz en la mano. El *poder* siempre está del lado de la persona con mejores notas.

B. Visitantes inesperados

El segundo mayor elemento que hace perder tiempo son los visitantes inesperados, llegan sin anunciarse y pueden consumir mucho tiempo. Estas son personas de tu empresa o fuera de ella. Pasan por tu oficina, interrumpen tu trabajo, te quitan el impulso de pensamientos y afectan tu efectividad. A veces hablan sin parar sobre temas sin importancia y te impiden trabajar.

Debes encontrar cómo evitar a cualquier costo a estas personas que te hacen perder tiempo. Las siguientes son algunas cosas que puedes hacer.

1. Crea un ambiente de trabajo silencioso. Define un tiempo durante el día en el que te vas a concentrar en tu trabajo. No permitas interrupciones. Apaga todo. Busca un letrero que diga "No Molestar" y ponlo en tu puerta. Aclara que cuando ese aviso esté afuera, no quieres que nadie te interrumpa por ningún motivo, salvo que sea una emergencia.

2. Ponte de pie rápido cuando un visitante que no es bienvenido entre a tu oficina o llegue a tu lugar de trabajo, como si fueras a salir. Comienza a caminar

rumbo a la salida. Dile a esa persona que te hace perder tiempo que estás muy ocupado y tienes mucho por hacer. Cuando alguien te interrumpa por teléfono, dile que vas de salida, y estás de afán. Esto los hará ir directo al grano.

3. Termina la conversación. Cuando la reunión se ha extendido demasiado, puedes decir: "sólo una cosa más antes de irnos". Termina la conversación con lo que venga a tu mente, da la mano y retoma tu trabajo.

4. Organiza tiempos específicos para reuniones. Para tratar de manera efectiva con visitantes inesperados, puedes organizar encuentros en horarios específicos que sean convenientes para ambos. Haz citas para encontrarte con las personas de tu oficina. Haz compromisos con los miembros de tu equipo y hazles saber que en ciertos momentos del día tu puerta está abierta y vas a estar disponible.

5. Evita desperdiciar el tiempo de los demás. Esfuérzate por evitar ser tú mismo un visitante inesperado. Si llegas a la oficina de otra persona sin avisar, siempre ten la cordialidad de preguntar "¿es este un buen momento para hablar, o podemos reunirnos después?" Primero pide permiso. Es asombroso cuántas personas desperdician de manera inconsciente el tiempo de los demás, y ni siquiera lo saben.

Si quieres mejorar tu eficiencia, haz esta pregunta: "¿Qué cosas hago yo que te hacen perder tiempo?" Debes estar preparado para un regaño. Y no importa lo que la otra persona diga, rehúsate a defenderte o a dar explicaciones. Solo agradece y escucha sin interrumpir.

C. Reuniones

El tercer elemento que hace perder tiempo son las reuniones, ya sean planeadas o no. Consumen del 40 al 50% de tu tiempo. Pueden ser planeadas y organizadas, incluir a muchas personas, o pueden ser personales en una oficina o en un pasillo. Siempre que te encuentras para hablar con una o más personas, estás teniendo una reunión. Muchas reuniones son innecesarias o en gran medida una pérdida de tiempo debido a la mala planeación y preparación.

Sin embargo, las reuniones no son malas. Son una herramienta de negocios necesaria para intercambiar información, resolver problemas y revisar el progreso. Pero se deben administrar y usar con eficacia.

Antes de programar una reunión, determina el costo. Recuerda, cada reunión cuesta la tarifa por hora de las personas presentes, multiplicada por la cantidad de horas de duración de la misma. Por tal motivo, las reuniones deberían ser tratadas como un gasto real de dinero con un valor exacto o tarifa de retorno sobre inversión.

Los siguientes son siete principios que puedes usar para tener reuniones más eficientes:

1. Pregunta si la reunión es necesaria. Si no lo es, evítala siempre que sea posible. Si no es necesaria la asistencia de alguna persona a una reunión en particular, asegúrate de que sepa que no tiene que presentarse.

2. Organiza una agenda. Si has decidido que la reunión es necesaria, establece un objetivo claro y escribe una agenda o haz una lista de todos los temas

a cubrir. Frente a cada punto, pon el nombre de la persona que se espera esté a cargo de ese tema en particular. Esto también aplica para las reuniones uno a uno con tu jefe, subalternos, clientes, proveedores o cualquier otra persona. Te asombrará cuán rápido y eficiente es el progreso de la reunión cuando tienes una agenda escrita que todos siguen.

3. Comienza y termina a tiempo. Establece una hora para el comienzo y define una hora para la finalización de la reunión. Los peores tipos de reunión son los que comienzan a una hora específica pero no tienen una hora de finalización definida. Esta es otra regla: no esperes a los que llegan tarde. Asume que el que llega tarde no va a venir y comienza a la hora acordada. No es justo castigar a los que llegan a tiempo haciéndoles esperar al que llega tarde, si es que llega.

4. Aborda primero los puntos más importantes. Cuando traces la agenda, aplica la regla 80/20. Organízala de tal manera que el 20% más importante de los puntos se discuta primero. De esta manera, si se te acaba el tiempo, habrás atendido los elementos que representan el 80% del valor de la reunión, antes que te quedes sin tiempo.

5. Resume cada conclusión. Cuando converses sobre un punto en tu agenda de reunión, resume lo conversado y cierra el tema. Llega a un acuerdo y cierra cada punto antes de pasar al siguiente. Antes de proseguir, expresa en otras palabras lo que se ha decidido y acordado para cada punto.

6. Asigna responsabilidades específicas. Cuando hayas tomado una decisión, haz que una persona específica sea la responsable de las acciones acordadas y define los plazos. Recuerda, las discusiones y los acuerdos que no conducen a asignar responsables y plazos de realización terminan siendo meras conversaciones.

7. Lleva notas y distribuye las minutas. Un secreto para obtener la máxima efectividad en las reuniones, es mantener notas precisas a medida que avanzas y luego distribuir las minutas de la reunión después de veinticuatro horas, si es posible. La persona que toma notas precisas de una reunión, y luego puede revisarlas una semana o un mes después, siempre tiene mayor poder e influencia que quien trabaja por lo que recuerda de memoria.

D. Apagar incendios

El cuarto elemento que hace perder tiempo son las emergencias y los incendios. Justo cuando ya te has organizado para trabajar en un proyecto importante, sucede algo inesperado que te hace desviar de la tarea principal durante unos minutos o incluso por horas.

Los siguientes son seis principios para enfrentar la situación cuando se presenta una emergencia o una crisis:

1. Piensa antes de actuar. Recuerda, actuar sin pensar es la causa de cualquier fracaso. Respira profundo, cálmate y mantén la objetividad. Rehúsate a reaccionar o a hacerlo de manera descontrolada. En lugar de eso, solo para un momento y piensa.

Toma tiempo para entender lo sucedido. Sé claro con respecto al problema antes de actuar.

2. Delega responsabilidad. Hay una norma que *dice:* "si no es necesario que tomes una decisión, es necesario que *no* decidas". Si te es posible delegar a otra persona la responsabilidad del manejo de la crisis, no dudes en hacerlo. Alguien más puede estar mucho mejor calificado que tú para enfrentar la situación, o quizás sea responsabilidad de otra persona.

3. Escríbelo. Cualquiera que sea la crisis, toma nota antes de actuar. Cuando escribes un problema, esto te ayuda a mantener la mente fresca, calmada, clara y objetiva. Registra con precisión lo que ha sucedido antes de hacer algo.

4. Infórmate sobre los hechos. No asumas nada. Haz preguntas. Identifica lo sucedido, incluyendo detalles respecto al cuándo, dónde y cómo sucedió. Determina quién estuvo involucrado. Luego pregunta ¿qué podemos hacer? Recuerda, los sucesos no mienten. Cuanta más información reúnas, más capacidad tendrás para tratar con el problema cuando tomes acciones.

5. Desarrolla una política. Si te encuentras tratando con una crisis recurrente, que se presenta una y otra vez, desarrolla una política que sea lo suficientemente sencilla como para que cualquier persona la pueda ejecutar. Cuando una crisis se da por primera o segunda vez, puede requerir una gran inteligencia, experiencia y energía para hacerle frente con eficacia. Pero si una crisis o problema tiene la

tendencia de repetirse, y no puedes encontrar la manera de eliminarla de manera anticipada, deberías hacer todo lo posible para desarrollar un sistema a fin de que la persona promedio pueda tratar con el problema en tu ausencia.

6. Prepárate para lo peor. Los problemas y las crisis son normales, es algo natural e inevitable en la historia de cualquier compañía u organización. Una de las cualidades de los grandes líderes a lo largo de la historia, es que desarrollan la capacidad de pensar con anticipación e identificar qué podría salir mal. Luego planean las contingencias por adelantado. Cuando algo sale mal, están listos para moverse con rapidez. Ya lo han pensado. Hazte esta pregunta: ¿qué es lo peor que podría suceder en mi empresa o vida personal, y cómo lo afrontaría?

E. Dilación

El quinto gran elemento que hace perder tiempo es la dilación. La dilación no solo es el ladrón del tiempo. Es el ladrón de la vida. Si puedes dejar de dilatar las cosas y hacer tu trabajo, tu vida cambiará.

A continuación, hay siete maneras de superar la dilación:

1. Piensa por escrito. Prepárate bien. Haz primero una lista de cada paso del trabajo. Antes de comenzar, desglosa la tarea en las partes que la integran.

2. Reúne todos los materiales y herramientas de trabajo que vas a necesitar antes de comenzar, de modo que no tengas que levantarte o moverte hasta terminar.

3. Comienza con algo pequeño. A menudo, el primer 20% de la tarea representa el 80% del valor. Cuando hayas comenzado, es mucho más fácil seguir.

4. Divide la tarea en "pequeñas rodajas". A veces la mejor manera de terminar un trabajo o proyecto importante es tomar una pequeña porción y terminar solo esa parte.

5. Practica la técnica del "queso suizo". Así como un bloque de queso suizo está lleno de hoyos, trata tu tarea como un pedazo de queso y perfora orificios en ella, seleccionando una parte de cinco minutos de trabajo y realizándolo.

6. Comienza desde afuera y termina primero las tareas más pequeñas. Esto a menudo te ayudará a superar la dilación y te hará comenzar con la tarea grande.

7. Primero comienza desde adentro y haz las tareas más grandes. Adquiere la disciplina de comenzar con el elemento que tomará más tiempo y requerirá mayor esfuerzo. Cuando hayas finalizado esta tarea, todas las demás se verán fáciles en comparación.

F. Socialización y conversaciones ociosas

El sexto elemento que hace perder tiempo es la socialización y las conversaciones ociosas, ya sea en persona o en línea. La socialización consume una enorme cantidad de tiempo. Se ha calculado que las interacciones con otras personas consumen hasta un 75% del tiempo laboral. Por desgracia, al menos la mitad de ese tiempo se dedica a charlas ociosas que no tienen nada que ver con el trabajo. La socialización quita tiempo que se puede usar para realizar las asignaciones.

La socialización en exceso puede sabotear tu carrera si te distingues por eso. Muchas personas desperdician y consumen tiempo. Trabajan muy por debajo de su capacidad, así que tienen mucho tiempo para socializar y participar en conversaciones ociosas.

Socializa en horas adecuadas. Organiza tu tiempo de socialización durante los descansos, a la hora de almuerzo o después del trabajo. Cuando te encuentres siendo arrastrado hacia una conversación con un colega que no esté relacionada con el trabajo, di: "bien, tengo que retomar mi trabajo". Termina la conversación con amabilidad y luego sigue adelante. Es asombroso cómo estas palabras suelen hacer que los demás vuelvan a su trabajo.

Concéntrate en los resultados. Tú eres un trabajador de conocimiento. Es inevitable que las relaciones con otros trabajadores de conocimiento consuman tiempo. Parte del tiempo más valioso que pasas en el trabajo se va en hablar y resolver problemas, y definir soluciones a los desafíos de tu empresa. Pero las conversaciones deben estar enfocadas en resultados, no en el último juego de fútbol, ni en compartir historias sobre golf o vacaciones de verano. Las relaciones, comunicaciones y discusiones con trabajadores de conocimiento deben estar enfocadas de manera continua en los resultados que tú y tus compañeros de trabajo están tratando de lograr.

G. Indecisión y retraso

El séptimo elemento principal que hace perder tiempo es la indecisión y el retraso. La indecisión cuesta más tiempo de lo que la mayoría de personas creen. Puede generar trámites, correspondencia y tareas innecesarias; desperdicia tu tiempo y el de los demás.

La indecisión y el retraso son grandes desperdicios de tiempo en el trabajo. Pueden tener grandes costos en términos de dinero y tiempo perdidos. Debes aprender a tratar con ellos con eficacia.

LOS CUATRO TIPOS DE DECISIONES

Hay cuatro tipos de decisiones que tendrás que enfrentar con frecuencia en el transcurso de tu carrera:

1. Hay decisiones que *solo tú* puedes tomar. Por tal razón es inevitable.

2. Algunas decisiones las puede tomar *otra persona*. Una de las mejores maneras de formar a otros, (desarrollar conocimiento, visión, sabiduría y juicio entre tus subalternos e hijos) es permitirles tomar decisiones importantes.

3. Hay decisiones *desafortunadas*. Las consecuencias negativas de estas decisiones son demasiado grandes si salen mal. Algunas decisiones, si resultan mal, pueden conducir a la bancarrota de una empresa o a grandes pérdidas. Comprometer algunos recursos puede ser tan serio, al punto de ser algo irreversible. Esas son el tipo de decisiones que no puedes darte el lujo de tomar.

4. Hay decisiones inevitables. Esas decisiones pueden exigir que actúes ante oportunidades en las que una demora puede ser costosa. El impacto positivo para ti o la organización puede ser enorme. Pero recuerda, cuando no sea necesario decidir, es mejor no hacerlo.

Esto lo trataremos más a fondo con la resolución de problemas en el capítulo 7.

UNA COSA A LA VEZ

Durante el tiempo de trabajo, cuando trabajes con y en torno a otras personas, recuerda que puedes hacer una cosa a la vez. Esa cosa debe ser la más importante que puedes hacer en ese instante.

Hay un principio llamado la *Ley de la alternativa excluida*. Esta ley afirma que cuando elijes hacer algo, de manera simultánea estás eligiendo no hacer todo lo demás que podrías estar haciendo en ese momento. La razón por la cual esta ley es tan importante es porque, muy a menudo, la tarea que estás eligiendo *no* hacer es mucho más valiosa e importante que aquella en la que estás trabajando ahora. Esto tiene mayores consecuencias potenciales.

La cualidad más importante para el éxito en el trabajo, es tu capacidad de evitar distracciones y cosas que te hagan perder tiempo. Es mantenerte concentrado en obtener los resultados más importantes que son tu responsabilidad.

Tu capacidad de trabajar con eficacia y bien entre y en torno a otras personas, es esencial para tu éxito. Debes pensar en cómo lograr esto todo el tiempo.

<<< EJERCICIOS DE ACCIÓN>>>

1. Trabaja siempre que estés trabajando, decide hoy reducir o eliminar aquello que te hace perder tiempo y que no aporta nada a tu vida laboral.

2. Adquiere la disciplina de usar el correo electrónico y los mensajes de texto con rapidez y eficacia, y luego retoma tu trabajo.

3. Planea tus reuniones, ya sean con solo una persona o con grupos, de modo que obtengas el mayor provecho en la menor cantidad de tiempo.

6

TIEMPO DE CREATIVIDAD

Hemos sido dotados con la capacidad y el poder de crear imágenes deseables en nuestro interior y de encontrarlas impresas automáticamente en el mundo exterior de nuestro ambiente.

—JOHN McDONALD

El **tiempo de creatividad es** uno de los tiempos más importantes y valiosos que puedes usar. Una idea puede cambiar tu vida y hacerte rico, y cuanto mejor la planees y te prepares, es más probable que la alcances. Pero la creatividad requiere que te alejes de las ocupaciones de la vida diaria a fin de dejar que tu mente funcione a un nivel más elevado. Es por esto que el tiempo de creatividad requiere una manera diferente de pensamiento y organización que el tiempo de trabajo o de productividad.

Se dice que cualquier cambio en la vida viene como resultado del choque entre tu mente y una nueva idea. Al parecer hay una relación directa entre la cantidad de ideas que vienen a tu mente, o a las que te ves expuesto y la probabilidad de que encuentres la correcta, y en el momento preciso para cambiar tu vida por completo e incluso hacerte rico.

Se calcula que cada individuo tiene cuatro ideas geniales por año, y que una de esas ideas podría hacerlo millonario si tan solo le diera continuidad. ¿Cuántas veces has visto que alguien inventa un nuevo producto o servicio y sigue con él hasta hacerse rico? Y piensas: "¡esa idea la tuve hace mucho tiempo!"

Sí, así fue. Pero no tomaste acciones. No hiciste nada en cuanto a ese pensamiento. Como consecuencia, alguien más llegó con la misma idea y la desarrolló, poniéndola a prueba, depurándola a medida que avanzaba, hasta llegar al punto de hacerla funcionar a un alto nivel. Tú podrías haber hecho lo mismo.

LA IDEA DE LOS MIL MILLONES DE DÓLARES

En junio de 2009, mi esposa, mi hija y yo fuimos a una reunión de todo un día con nuestra editorial en sus oficinas localizadas en el centro de San Francisco. La reunión terminó a las 5:00 p.m. Estábamos cansados y deseábamos volver al hotel.

Pero, cuando salimos a las calles de San Francisco vimos que no había taxis. Recorrimos una cuadra hasta llegar a una concurrida intersección e hicimos señas a los taxis que pasaban, pero ninguno se detuvo.

Caminamos otra cuadra hasta la entrada de un hotel, esperando encontrar un servicio en la estación de taxis al frente del mismo. Pero no había ningún taxi en ese punto. Caminamos durante media hora entre la ocupada y repleta hora pico de San Francisco y no pudimos encontrar un solo taxi que nos llevara de vuelta al hotel.

Poco después, cansados y con hambre, nos detuvimos en un restaurante para cenar. Después de la cena retomamos nuestra caminata hacia el hotel, que estaba a una milla de distancia por las empinadas colinas de San Francisco. Por fin, pudimos encontrar un taxi y logramos llegar a nuestro hotel.

Luego nos enteramos que la industria sindicalizada de taxis había implementado lo que es denominado la "hora de cambio".

Es el periodo entre las 5:00 p.m. y las 7:00 p.m. durante el cual las personas necesitan taxis más que en cualquier hora del día. Pero es cuando los taxistas van a casa a cenar. Ellos apagaban sus luces y se rehusaban a llevar pasajeros durante ese periodo de dos horas.

LA IMPORTANCIA DE ACTUAR

Esta es la parte interesante. Ese mismo año, otros cuatro empresarios en San Francisco salieron tarde de una reunión y trataron de tomar un taxi. Tuvieron la misma experiencia que nosotros. No pudieron encontrar un servicio por ninguna parte. También terminaron caminando una considerable distancia para poder llegar a sus hoteles. Al igual que nosotros, preguntaron: "¿por qué es imposible encontrar un taxi en la hora pico, o en otras horas, en una ciudad tan grande como esta?"

Pero mientras mi familia y yo decidimos volver al hotel, quejándonos y refunfuñando, esos cuatro ejecutivos decidieron comenzar una nueva empresa para atender esa necesidad. Vieron una oportunidad de negocio para resolver un problema de no disponibilidad de taxis. Lo llamaron Uber. Decidieron hacer taxis disponibles para todos por medio de una sencilla aplicación que se podía descargar sin ningún costo. En la actualidad, el concepto de Uber ha llegado a todo el mundo. Para el año 2016, la empresa fue avaluada en ¡$62,5 mil millones de dólares!

Por cierto, durante los siguientes dos años tuve la misma experiencia tratando de encontrar un taxi entre las 5:00 y las 7:00 p.m. en New York y Paris. Durante esas horas, la industria de taxis se cierra. Cuando Uber se hizo disponible en New York y Paris, los conductores de taxi se rebelaron y entraron en huelga. En Paris iniciaron disturbios y quemaron los autos de conductores de Uber. En la actualidad, Uber tiene más autos y conductores en esas dos ciudades en comparación al desarrollo de toda la industria de taxis en los últimos cien años. Y todos están prosperando.

TÚ ERES UN GENIO EN POTENCIA

Hay grandes ideas a tu alrededor. Todo lo que necesitas es una buena idea para mejorar un producto ya existente o crear un producto nuevo o servicio a fin de dar inicio a tu fortuna.

Albert Einstein, escribió: "Todo niño nace genio". La realidad es que tú naciste siendo un genio en potencia. Tienes la capacidad de resolver casi cualquier problema, superar prácticamente cualquier obstáculo y alcanzar cualquier meta que te propongas, mientras esa meta sea clara y concentres y enfoques toda tu energía mental en una idea a la vez, como si fuese un rayo láser.

La *claridad* es el requisito más importante de todos para activar los poderes de tu mente creativa. Sin duda, debes tener precisión respecto a la meta que quieres alcanzar, o el obstáculo que se interpone en tu camino. Cuanta más definición tengas, más rápido atraerás hacia tu vida las ideas, las personas y los recursos que necesitas para resolver tu problema o alcanzar tu meta.

TIPOS DE CREATIVIDAD

Hay dos tipos principales de inteligencia creativa: la inteligencia integrada y el pensamiento original.

Con la inteligencia integrada, combinas y recombinas información ya existente, ideas, y experiencias para crear formas nuevas y mejores. Es por esto que la mayoría de avances creativos vienen de personas con conocimientos y experiencias considerables en un campo en particular.

La segunda forma de inteligencia, el pensamiento original, es cuando piensas en una idea que nadie más ha tenido antes. Esta idea puede basarse en una gran abundancia de conocimiento y experiencia, pero la llevas a un nivel más alto y creas algo completamente nuevo, como Google, el iPhone o Uber.

El maravilloso descubrimiento es que tu habilidad creativa es como un músculo. Cuanto más lo uses, más fuerte será y más rápido trabajará para ti. Al practicar algunas de las técnicas aquí descritas, puedes mejorar tu coeficiente intelectual hasta unos veinticinco puntos, llevándote de estar en el promedio o por encima del promedio a estar en el rango de inteligencia de genio.

LO QUE TE DETIENE

Si todos tienen la capacidad de funcionar a niveles de genio, ¿por qué son tan pocas las personas que liberan todo su potencial mental para encontrar ideas que cambian y mejoran sus vidas o sus trabajos?

Hay tres principales enemigos del pensamiento creativo: *la zona de comodidad, la impotencia aprendida, y el temor al fracaso o el rechazo.*

Quizás el enemigo más grande del progreso es la zona de comodidad, un sentimiento de complacencia o confort que las personas tienen después de haber hecho las cosas de cierta manera o por un largo periodo de tiempo, o a menudo durante muy poco. Es por esto que muchos de los grandes avances en los negocios y la tecnología son de empresas nuevas fuera de la industria, y los inician personas sin el pesado equipaje de experiencias pasadas.

La tendencia natural de las personas es caer en una zona de comodidad y luego resistirse a cualquier cosa nueva o diferente que sea ajena a esa zona. En lugar de estar abierta a formas más nuevas, mejores, más económicas y convenientes de fabricar el producto o prestar el servicio, la persona promedio se resiste a los cambios de cualquier clase. Dice cosas como: "siempre lo hemos hecho de esta forma", o "eso lo intentamos en una ocasión y no funciono", o "cuesta mucho", o "¿qué tiene de malo la manera como lo estamos haciendo ahora?"

En muchas empresas tienen el *síndrome NIA*, no inventado aquí. Cuando alguien de afuera de la industria trae una nueva idea, de inmediato la rechazan y la descartan.

NO SALIR DE LA ZONA DE COMODIDAD

En el año 2006, Apple anunció el lanzamiento de su nuevo iPhone. Podías activar el teléfono con un solo botón, escribir justo en la pantalla, tomar y enviar a tus amigos fotografías y videos, comunicarte con redes sociales y descargar música de forma instantánea desde la tienda iTunes.

Fue revolucionario. Las personas hicieron filas y durmieron en las calles para comprar los primeros teléfonos disponibles. Apple vendió millones de iPhones, y a mayo de 2016 ha vendido más de 947,7 millones de unidades, llegando a ser la empresa más valiosa de la historia.

En el año 2006, Nokia tenía el 50% de participación del mercado de consumo de teléfonos celulares a nivel mundial. BlackBerry tenía el 49% del mercado de celulares a nivel empresarial. Los ejecutivos de estas dos empresas, quizás leyendo el mismo guion, dijeron: "El iPhone es solo un juguete. Es una moda pasajera. El público no está interesado en todos esos timbres y sonidos. Pronto volverán a los teléfonos celulares sólidos y confiables que nosotros ofrecemos".

Después de cinco años, ambas empresas pasaron de ser líderes mundiales a cerrar sus puertas. Se habían complacido tanto en su éxito que no pudieron cambiar. BlackBerry incluso redujo su presupuesto de investigación y desarrollo un 50% porque "eran tan populares que no necesitaban innovar más". Así de peligroso es caer en la zona de comodidad, ya sea en los negocios como en la vida personal.

IMPOTENCIA APRENDIDA

El segundo enemigo de la creatividad es la impotencia aprendida. Las personas se sienten impotentes ante cambios rápidos, acciones competitivas o adversidades inesperadas. Esta es una de las razones más comunes por las cuales no intentan algo nuevo o diferente. Y si tienen una idea para hacer las cosas de otra manera, de inmediato la rechazan y vuelven a lo que hacían antes.

La impotencia aprendida sucede cuando alguien prueba ideas nuevas y fracasa, que es lo que los jóvenes hacen una y otra vez. Después de fracasar en varios intentos, y a veces después de tan solo un fracaso, concluyen que no pueden cambiar la situación o la forma como son las cosas. Desarrollan impotencia aprendida y dejan de intentar hacer o probar cosas nuevas. Esto puede suceder muy temprano en la vida y luego persiste a lo largo de la carrera de la persona.

EL TEMOR TE DETIENE

El tercer enemigo de la creatividad es el temor al fracaso y su hermano gemelo, el temor al rechazo. El temor al fracaso activa una forma de rigidez, como un venado paralizado ante las luces de un auto. Cuando alguien cree que puede perder tiempo o dinero, el temor al fracaso nubla sus pensamientos, y comienzan a pensar en todo lo que puede salir mal. De inmediato retroceden y no lo intentan o no invierten en nada nuevo o diferente.

Además, el temor al rechazo, causado por el temor al criticismo, es una razón principal por la cual las personas no intentan cosas nuevas. Muchos son tan sensibles a las posibles opiniones negativas de los demás, que se rehúsan a hacer algo nuevo o diferente que pueda generar desaprobación.

Siempre que tengas o escuches una nueva idea, presta atención a la tendencia natural de resistirla y volver a tu zona de comodidad, con la sensación de incapacidad para hacer que funcione, o el temor al fracaso o al rechazo.

La buena noticia es que puedes pasar de no ser creativo a ser muy creativo casi de manera instantánea. Hay una serie de métodos y técnicas para liberar tu creatividad, los cuales he enseñado a más de dos millones de personas en setenta y cinco países. Las personas me dicen que una o más de estas ideas han transformado sus vidas y a menudo los han hecho ricos.

HAZ LAS PREGUNTAS CORRECTAS

Las siguientes son cuatro preguntas que puedes hacerte una y otra vez. Cada una expande tu pensamiento y te permite ver cosas que puedes no haber visto antes.

1. ¿Qué estamos intentando hacer ahora? Haz esta pregunta en especial cuando experimentes resistencia o no estés obteniendo los resultados esperados. Ten plena claridad con respecto a lo que estás tratando de lograr. ¿Tu meta ha cambiado?

2. ¿Cómo estamos tratando de hacerlo? Hay muchas maneras diferentes de lograr cualquier meta. Es muy probable que tu manera de intentar alcanzar tu meta no sea la mejor. La única pregunta real es: ¿Tu método actual está funcionando? La norma es tener claridad respecto a la meta, pero ser flexible en cuanto al método para alcanzarla.

3. ¿Cuáles son tus suposiciones? Si estás experimentando frustración, resistencia o fracaso temporal, pregúntate cuáles son tus suposiciones respecto a la situación.

4. ¿Y si tus suposiciones fueran erradas? ¿Qué harías entonces?

Peter Drucker escribió: "las suposiciones errantes yacen en la raíz de todo fracaso".

ANALIZA TUS SUPOSICIONES

Todos tenemos dos tipos de suposiciones, explícitas e implícitas. Las suposiciones explícitas son aquellas de las que eres consciente y que puedes explicar con claridad y defender ante otra persona.

La primera y más peligrosa suposición que una persona hace en una nueva empresa es que hay un mercado real para el producto o servicio. Pero según la revista Forbes, un 80% de los fracasos en los negocios es causado por un solo elemento: los clientes no quieren el producto que estás ofreciendo.

Incluso con la mejor investigación de mercado, el 80% de los nuevos productos introducidos al mercado cada año, fracasan y tienen que ser descontinuados, lo cual cuesta grandes cantidades de dinero. Las personas que desarrollaron y comercializaron el producto, avanzaron asumiendo que había una demanda en el mercado para lo que vendían, y que ésta era lo suficientemente grande y rentable como para justificar los esfuerzos de llevar el producto al mercado.

El segundo tipo de suposición es la implícita, o inconsciente. Esto es algo que crees sin cuestionar. ¿De qué tipo podrían ser?

Una suposición implícita y fatal es: *como lo quiero, puedo hacerlo*. Muchos asumen que su deseo, fuerza de voluntad, o determinación es todo lo que se necesita para superar obstáculos y triunfar. Pero a menudo hay muy poca relación entre lo que quieres hacer y lo que puedes hacer.

Otra suposición fatal es: *como tengo que hacerlo, puedo hacerlo*. La verdad es que puedes carecer del conocimiento, las destrezas, el dinero o los recursos para lograr una meta en particular que consideras esencial para tu éxito.

Tu vida se ve muy influenciada por tus suposiciones. Siempre actúas con base en lo que crees que es verdad, así no sea cierto del todo, o no tengas cómo comprobarlo.

DESAFÍA TUS SUPOSICIONES

Debes estar preparado para considerar que tus suposiciones más queridas sobre ti mismo o tu empresa podrían estar muy erradas. Esta es una posibilidad que la mayoría de personas encuentran difícil de enfrentar. Pero siempre que luches con avanzar en alguna área o enfrentes lo que parece ser un problema o dificultad que no tiene solución, da un paso atrás y pregúntate: ¿estoy muy equivocado en lo que estoy tratando de hacer?

¿Estamos del todo equivocados con nuestro método actual? ¿Hay una manera diferente de lograr esta meta? ¿Pudiéramos hacer algo que nunca se ha hecho antes (Uber)? Es probable que estas preguntas sean responsables de más avances creativos que otras.

Edwar de Bono, experto en estilos de pensamiento, ha denominado esto la "PO", o provocación de operación. Como una picana de ganado. Siempre que haces una pregunta provocativa que desafía o sacude tu manera de pensar, estimulas la creatividad y las respuestas creativas.

¿Puede haber una mejor manera? Esta es una gran pregunta que en ocasiones puede hacerte rico. El hecho es que siempre hay una mejor manera de resolver algún problema o alcanzar una meta. Siempre hay una mejor forma de producir, vender o entregar algún producto o servicio.

Practica la *reinvención*. Imagina que comienzas de nuevo una empresa o carrera, pero cuentas con todos tus conocimientos de hoy. Imagina que tu empresa se consume por completo en un incendio y que puedes cruzar la calle y comenzar de nuevo sin ningún equipaje del pasado. ¿Qué cosa harías de otra manera? ¿Qué comenzarías a hacer o qué dejarías de hacer? ¿Qué cambios harías de inmediato?

El ejercicio de reinvención puede liberarte de la zona de comodidad del pasado y abrir tu mente a toda clase de nuevas posibilidades.

LIBERANDO TU CREATIVIDAD

Hay cuatro maneras en las que puedes resolver cualquier problema, hacer cualquier cambio o alcanzar cualquier meta:

1. Puedes hacer *más* de ciertas cosas. ¿Qué deberías estar haciendo más? Respuesta: deberías estar haciendo más de aquellas cosas que te dan los mejores resultados hoy. ¿Cuáles son?

2. Puedes hacer *menos* de otras cosas. ¿Qué deberías estar haciendo menos? Respuesta: deberías estar haciendo menos de aquellas cosas que no están funcionando muy bien o para nada.

3. Puedes *comenzar* a hacer algo completamente nuevo o diferente. Este es el paso más difícil de todos, pero por lo general hacer algo nuevo o diferente es el paso que conduce a los mayores avances en cualquier campo. ¿Qué deberías empezar a hacer hoy, que no estás haciendo ahora?

4. Puedes dejar de hacer ciertas cosas al tiempo. ¿Qué deberías dejar de hacer? Deberías dejar de hacer cualquier cosa que no te esté ayudando a alcanzar tus metas más importantes. Usa el método A/B descrito en el capítulo 1.

PIENSA POR ESCRITO

Hay algo milagroso que sucede entre la cabeza y la mano. Cuando escribes algo en un trozo de papel, activas la actividad *psiconeuromotora*. Esta es una palabra grande que se refiere a la activación de cerebro llevándolo a concentrarse en una sola cosa por un periodo de tiempo. Cuando escribes, piensas, visualizas y te mueves de manera simultánea. No es posible que escribas y al mismo tiempo pienses o prestes atención a algo más en el mundo, salvo lo que estás escribiendo en ese momento.

Como tu mente y cuerpo están totalmente comprometidos, cuando escribes algo, esto se transfiere de forma automática a tu mente subconsciente. Escribir algo aumenta de forma dramática la probabilidad de que lo recuerdes. Escribir tus metas aumenta la posibilidad de alcanzarlas. Escribir las cosas activa tu habilidad creativa. Estimula tu cerebro. Es como pisar el acelerador de tu motor mental.

RESUELVE CUALQUIER PROBLEMA

La siguiente es una fórmula sencilla. Selecciona un problema que hayas estado tratando de resolver. Toma una hoja de papel en blanco y escribe cada detalle del mismo. Escribe todos los factores de información que tienes respecto a esta situación.

Haz preguntas como estas: ¿Qué estoy tratando de hacer? ¿Cómo estoy tratando de hacerlo? ¿Exactamente, cuál es el problema o la meta? ¿Cómo surgió este problema? ¿Cuándo sucedió o se presentó por primera vez? ¿Quién estuvo involucrado? ¿Por qué sucedió este problema? ¿Es en realidad un problema o podría ser una oportunidad? Estas preguntas estimulan tu creatividad.

Te sorprenderás con todo lo que pienses cuando comiences a escribir, renglón por renglón, cada detalle del problema con el que estás luchando, incluyendo todas las posibles causas y las muchas posibles soluciones. A veces durante este ejercicio, la idea precisa saltará de la página ante tus ojos.

He trabajado con personas que han luchado con una meta o problema durante muchos meses, pero que pudieron resolverlo en pocos minutos con solo tomar el tiempo, en silencio, para escribir cada detalle del mismo. Como consecuencia, el problema casi que se resolvió solo en el papel ante ellos.

TU MENTE SUPERCONSCIENTE

A lo largo de la historia, las personas han hablado y escrito acerca de una forma mental o de pensamiento más elevada que cada persona tiene a su disposición. Sigmund Freud la llamó el "superego". Alfred Adler la llamó "la mente supraconsciente". Napoleon Hill se refirió a ella como la "inteligencia infinita". Ralph Waldo Emerson la denominó "cubierta del alma". Muchos se refieren a ella como la "mente de Dios". Después de mis años de investigación, prefiero llamarla la *mente superconsciente*.

No importa cómo la describas, esta mente siempre está a tu disposición, así como tu iPhone o computadora portátil. Puedes encenderla y tener acceso a ella en cualquier momento. En pocos minutos, todos tus poderes superconscientes quedan disponibles para que resuelvas tus problemas y alcances tus metas.

CÓMO ACTIVAR TUS PODERES MENTALES

La mente superconsciente tiene varias cualidades asombrosas:

1. Te permitirá lograr cualquier meta que quieras, mientras ésta sea clara. Quienes escriben, reescriben y piensan en sus metas de manera constante, parecen disfrutar un flujo permanente de ideas que les ayudan a alcanzar sus metas en menos tiempo.

2. Tiene acceso a todo el conocimiento y las experiencias previas de toda tu vida, además tiene acceso al conocimiento y la experiencia de otros, incluso a una gran distancia.

3. La mente superconsciente es el trono del poder de la atracción. Cuando tienes una meta clara, envía vibraciones que te convierten en un "imán vivo". Con este poder, comienzas a atraer hacia tu vida las ideas, las personas, las circunstancias y el dinero que necesitas para alcanzar tus metas.

4. Resuelve de manera automática cualquier problema en el camino hacia la menta, siempre que ésta sea clara.

5. Te dará la respuesta precisa que necesitas en el momento oportuno. Pero esta información tiene "lí-

mite de tiempo". Debes actuar al respecto de inmediato y de alguna manera, o será demasiado tarde.

6. Tu mente superconsciente te traerá las lecciones que necesitas para alcanzar tu meta, a menudo disfrazadas de obstáculos, adversidades y fracasos temporales. Tu trabajo principal es mirar el problema o la dificultad y preguntar: ¿Qué puedo aprender de esta experiencia?

7. Cuando la mente superconsciente te dé la respuesta que necesitas, ésta será completa en todos los aspectos y siempre dentro de tus capacidades vigentes. De inmediato podrás actuar con tu idea. La respuesta se sentirá sencilla, lógica y clara, como un enceguecedor flash de lo obvio.

Tu mente superconsciente suele hablarte por medio de la intuición, "la queda vocecilla en tu interior". Si escuchas a tu intuición y sigues su dirección, probablemente nunca cometas otro error.

Por fortuna, tu mente superconsciente siempre está disponible, así por mucho tiempo no le hayas prestado atención, o no hayas escuchado a tu intuición. De hecho, se fortalece y trabaja más rápido a medida que la usas y confías en ella.

LLUVIA DE IDEAS

Hay otra forma en la que puedes usar el poder del lápiz y el papel para activar tu mente superconsciente y subconsciente. Se llama el *Método de las 20 ideas*. Muchas personas se han hecho ricas con este método que con cualquier otra manera práctica de pensamiento creativo jamás descubierta.

Así es como funciona: toma una hoja de papel en blanco y escribe en la parte superior tu meta más importante en forma de pregunta. Por ejemplo, puedes escribir: "¿cómo puedo duplicar mis ingresos durante los próximos doce meses, o para tal fecha?"

Mejor aún, selecciona una cantidad específica. Escribe: "¿cómo puedo ganar $XX.XXX para esta fecha específica?"

La pregunta debe ser sencilla y clara, algo que un niño de seis años pueda entender y que provoque respuestas prácticas, como en el caso de esta pregunta.

Luego debes darte a la tarea de escribir al menos veinte respuestas a tu pregunta. Pero hay una advertencia: la primera vez que lo hagas encontrarás que es uno de los ejercicios de pensamiento más difíciles que hayas practicado alguna vez.

Tus primeras tres a cinco respuestas serán sencillas y obvias, hacer más de esto o menos de aquello. Las siguientes tres a cinco respuestas serán más difíciles. ¿Qué deberías comenzar a hacer o dejar de hacer?

Las siguientes diez respuestas serán unas de las más difíciles en tu vida. Si no ejerces una gran disciplina, sentirás deseos de darte por vencido y renunciar al ejercicio. Esto es normal y natural la primera vez que practiques la lluvia de ideas.

SIGUE ESCRIBIENDO

Pero si tienes la disciplina para seguir escribiendo hasta haber llegado a un mínimo de veinte respuestas, algo asombroso sucederá. Muy a menudo, entre esas respuestas, encontrarás una idea reveladora que te permitirá alcanzar tu meta, o te impulsará en una nueva dirección que te conduzca a la solución correcta.

Puedes usar la lluvia de ideas como parte regular de tu vida. Cada vez que tengas una meta, toma asiento con una hoja de papel frente a ti, escribe la meta en forma de pregunta en la parte de arriba y luego escribe veinte respuestas a tu pregunta.

La parte final de la lluvia de ideas es para que tomes acciones de inmediato sobre al menos una de las ideas que has generado. Cuando actúas sobre una de esas ideas, mantienes en marcha tus flujos de creatividad y activa ideas adicionales. Tomar acciones sobre una idea activa tu mente superconsciente y comienza a atraer a tu vida las personas y las circunstancias que te pueden ayudar.

REUNIÓN DE CREATIVIDAD

El método de reunión de creatividad, desarrollado por el ejecutivo de la publicidad Alex Osborn en 1946, se ha convertido en una de las técnicas de pensamiento creativo más populares de todas, y a menudo ha conducido a resultados de grandes avances.

Cuando reúnes un grupo de personas para concentrar su inteligencia y creatividad sobre un problema o meta, activas y estimulas las mentes de todos los participantes. Con esto, se pone a disposición una mente más elevada para todos los participantes, activando ideas que nadie había tenido antes.

La reunión de creatividad es simple. Hay unas normas básicas que puedes practicar en tu primera sesión de reunión creativa.

TIEMPO DE CREATIVIDAD

1. El tamaño ideal de un grupo para una sesión de reunión creativa es de cuatro a seis personas. Menos de cuatro personas no es suficiente para alcanzar todo el valor de la reunión creativa, y más de seis personas no le da a cada participante la oportunidad de compartir sus mejores ideas.

2. Una sesión de reunión creativa debe durar de quince a cuarenta y cinco minutos. Comienza y termina a tiempo. Cuando todos tienen claro cuándo va a terminar la sesión, como la campanada final en el mercado de acciones, se estimula la generación de más ideas en un periodo de tiempo más corto.

3. La clave es no criticar y no ridiculizar. No juzgar para nada ninguna de las ideas. El líder de la sesión permanece en una actitud positiva, elogia cada idea y halaga a cada persona por sus aportes.

4. Concéntrate en la cantidad de las ideas más que en la calidad. Haz que sea un juego el ver cuántas ideas diferentes, sin importar lo ridículas, puede generar el grupo durante el tiempo determinado.

5. El trabajo del líder es animar a todos a aportar sus mejores ideas, en especial a aquellos participantes que puedan ser un poco tímidos o reservados. A menudo, las personas más calladas tienen ideas increíbles si se les da la oportunidad de compartirlas.

6. Asigna a alguien para que tome notas. Registra cada idea. Escríbela. Después puedes introducirlas en la computadora para revisarlas o distribuirlas. A veces, una buena sesión de reunión creativa puede cambiar la dirección de una empresa o una vida.

7. Anima a los participantes a retomar el tema contigo en otro momento si encuentra ideas que no se propusieron en la sesión de reunión creativa. Recuerda, una nueva idea, si es la correcta en el momento indicado, puede ser todo lo que necesitas para transformar tus resultados.

EL PROCESO CREATIVO DE CINCO PASOS

El punto de partida para liberar tu genio creativo y alcanzar cualquier meta es la *claridad*. Esto requiere que verbalices o expreses en palabras tu meta de forma clara. La manera más sencilla de hacerlo es escribir tu meta en tiempo presente, comenzando con la palabra yo, y siguiendo con un verbo.

Cuando dices: "alcanzo esta meta en particular para este momento específico", tu mente subconsciente y superconsciente aceptan esto como una orden y comienzan a trabajar en alcanzar esa meta las veinticuatro horas del día.

El segundo paso para liberar tu creatividad es *visualizar*. Crea una imagen mental clara de tu meta como si ya fuera una realidad. Hay una relación directa entre la nitidez con la que puedes ver tu meta en tu mente y la rapidez con la que puedes alcanzarla.

El tercer paso es darle *emoción* a tu meta.

"Capta el sentimiento".

Imagina y crea el sentimiento que tendrías si alcanzaras tu meta tal como la has verbalizado y visualizado. Crea en tu interior los sentimientos de gozo, satisfacción, felicidad, alivio u orgullo personal que experimentarás cuando alcances esa meta. Estas tres técnicas, verbalizar, visualizar y dar emoción, activan tu mente creativa y liberan tus poderes mentales.

La cuarta etapa es practicar la completa *relajación*. Deja que se vaya. Ocupa tu mente en otra cosa. Olvídate de la meta y ocúpate lo que más puedas en hacer otra cosa, de modo que no pienses en ella para nada. Durante este tiempo, tu mente superconsciente estará trabajando sin parar para alcanzar esa meta.

La quinta etapa es la *realización*. Esto sucede cuando la respuesta o perspectiva precisa que necesitas, surge en tu mente, completa en todo aspecto.

Estos cinco pasos, verbalizar, visualizar, dar emoción, relajar y realizar, son la clave para que llegues a ser una de las personas más creativas de tu entorno.

Eres un genio en potencia. Así no hayas usado por mucho tiempo tus increíbles capacidades mentales, puedes estimularlas de inmediato al hacer las cosas de las que hemos hablado en este capítulo. No hay límites a lo que puedes lograr cuando liberas todo tu potencial creativo.

<<< EJERCICIOS DE ACCIÓN>>>

1. Desarrolla absoluta claridad respecto a la meta de éxito y riqueza que te gustaría alcanzar. Crea una imagen mental clara de cómo quieres ver tu vida y tu trabajo cuando alcances esa meta.

2. Reúne información que te pueda ayudar a alcanzar esa meta. Cuantas más ideas tengas, más probable será que descubras la idea exacta que necesitas en el momento preciso.

3. Toma tiempos de silencio y reflexión durante los cuales tu mente superconsciente pueda trabajar para traerte la respuesta que necesitas.

7

TIEMPO PARA RESOLVER PROBLEMAS Y TOMAR DECISIONES

> He aprendido que el éxito se debe medir
> no tanto por la posición que se alcanza en la vida,
> sino por los obstáculos que hay que superar
> mientras se trata de triunfar.
>
> —BOOKER T. WASHINGTON

Todo en la vida es una serie de problemas y dificultades, adversidades y fracasos. A cada hora, todos los días, tomas decisiones que te afectan de una u otra manera. Resolver problemas y tomar decisiones exige un tipo de pensamiento y método particular. Requiere una manera especial de usar tu tiempo y tu inteligencia.

Tu capacidad para resolver problemas y tomar decisiones es uno de los determinantes más críticos de tu éxito en el trabajo o en la vida. De hecho, a cada hora y todos los días te comportarás a la altura de tus habilidades para resolver las situaciones que enfrentes a tu nivel actual.

Una meta sin alcanzar es tan solo un problema sin resolver. Lo único que se interpone entre tú y lo que deseas en la vida es un obstáculo o dificultad de algún tipo. Tu capacidad para superar este obstáculo o superar esa dificultad, determina tu salario y cuán rápido vas a ser promovido.

EL PRINCIPIO UNIVERSAL

El principio universal es: *te conviertes en aquello en lo que piensas la mayor parte del tiempo.*

Las personas de éxito, quienes están en el 10 o 20% superior de nuestra sociedad, tienden a pensar de una manera muy diferente a los que se integran el 80 o 90% restantes. Los triunfadores piensan en sus metas la mayor parte del tiempo. Casi siempre están pensando en el lugar hacia donde se dirigen y lo que quieren lograr. En especial, las personas más exitosas piensan y hablan sobre soluciones inevitables e ineludibles que enfrentan cada día.

¿En qué piensan las personas infelices y que no tienen éxito? Hablan de sus problemas, y a quién culpar.

Los triunfadores piensan en las soluciones y las acciones que pueden tomar de inmediato para comenzar a avanzar hacia aquello que desean.

La norma es esta: atraes hacia ti las cosas en las que piensas. Aquello en lo que permaneces crece hasta convertirse en tu realidad. Si piensas y hablas de tus problemas, estos aumentarán y se multiplicarán. Pero cuando piensas y hablas de soluciones, las descubres de manera continua.

PIENSA EN TÉRMINOS DE ACCIÓN

Siempre que tengas un problema de cualquier tipo, no tardes en hacer las preguntas, ¿qué se puede hacer? y ¿cuál es nuestra próxima acción?

En la resolución de problemas, como en otras áreas, la claridad es tu mejor amigo. Cuando tienes plena claridad respecto a la meta que quieres lograr, es más fácil desarrollar objetividad en cuanto a las cosas que te están impidiendo alcanzar esa meta. Cuando tienes total definición acerca de las cosas que debes hacer para obtener lo que deseas, puedes enfocarte y concentrarte por completo en hacer solo lo que puede ayudarte al máximo.

Aquí hay dos preguntas para ti: Primera: ¿cuáles son los problemas más grandes en mi vida hoy?

Estos son los problemas en los que piensas la mayor parte del tiempo. Son los principales obstáculos para tu éxito y felicidad.

Luego pregunta: ¿cuáles son las tres mejores soluciones a cada uno de estos problemas?

A veces, estos sencillos interrogantes te ayudan a resolver los problemas y a tomar con rapidez y sin dificultad las decisiones necesarias. A menudo, las soluciones correctas son claras y obvias. Debes abrir los ojos.

En el siglo XIII, Sir William de Occam desplegó lo que se ha llegado a conocer como "La navaja de Occam". Esta ley dice que la solución más probable a cualquier problema es la más sencilla de todas las soluciones disponibles. Incluso antes, Sócrates dijo que la solución correcta suele ser la que contiene la menor cantidad de pasos posibles.

¿Cuáles son las soluciones más sencillas a tus problemas más apremiantes? A veces son tan claras que te asombra no haberlas visto antes.

TEORÍA DE LA RESTRICCIÓN

Hace unos años, el consultor en gerencia, Eliyahu Goldratt, de Israel, desarrolló la "Teoría de restricciones" como principio.

Ahora se enseña y usa en todo el mundo. Incluso hay seminarios de tres días durante los cuales los ejecutivos reciben entrenamiento para aplicar estos principios a la resolución de problemas, eliminación de obstáculos, y lograr hacer más, en menos tiempo y bajo cualquier circunstancia.

La teoría en sí misma es sencilla. El punto de partida está en que debes tener claridad en tu meta. ¿Dónde te encuentras ahora y qué quieres lograr?

En los negocios, tu meta podría ser cierto nivel de ventas, crecimiento, rentabilidad, participación de mercado o reducción de costos.

No importa cuál sea tu meta, después debes hacerte la pregunta clave: ¿Cuál es el factor limitante o restrictivo, que define cuán pronto voy a alcanzar esta meta?

Otra manera de hacer esta pregunta es esta: ¿Por qué no he alcanzado mi meta todavía?

¿Quieres duplicar tus ingresos? Bueno, ¿por qué todavía no tienes el doble de ingresos?

CUESTIONA TUS RESTRICCIONES

Muchas personas crean complejas excusas para justificar y explicar por qué no han alcanzado lo que de verdad quieren en la vida. Así que se enamoran de sus excusas. No importa cuál sea la dificultad o problema que tengan para alcanzar sus metas de negocios o personales, siempre despliegan un flujo constante de razones para absolverse de emprender acciones efectivas.

TIEMPO PARA RESOLVER PROBLEMAS Y TOMAR DECISIONES

Cuando haces la pregunta: ¿por qué no he alcanzado mi meta todavía? Tus excusas favoritas saltaran a la vista. De inmediato pensarás en todas las razones que usas para lograr menos de lo que de verdad deseas.

¿Por qué todavía no tienes el doble de ingresos? La verdadera razón puede ser que tu habilidad para obtener aquellos resultados por los que otros están dispuestos a pagar no está al nivel adecuado.

¿Por qué todavía no estás en tu peso ideal? Casi siempre es porque comes demasiado y haces muy poco ejercicio.

Cada vez que te escondes detrás de una excusa, justificándola ante ti mismo y los demás, lo que realmente haces es apagar tu capacidad para resolver problemas. Caes en la "impotencia aprendida".

La siguiente es una manera como puedes probar si tus excusas son válidas. Pregunta: ¿hay alguna persona u organización que tiene los mismos problemas míos, pero que, a pesar de todo, está alcanzando sus metas?

¿Hay alguien en tu campo que esté ganando el doble que tú? ¿Hay alguien más joven que tú y que quizás tenga menos educación y haya tenido menos oportunidades en la vida, pero que le esté yendo mejor que a ti? Si tu respuesta es sí, entonces la excusa no tiene ninguna razón real. Ni es verdad. Es una decepción que te hayas convencido de aquello que contradice la realidad del mundo que te rodea.

ASUME QUE SIEMPRE HAY UNA SOLUCIÓN

Si quieres liberar todo tu potencial, debes evitar la fatal enfermedad de la "excusitis". Esta es una inflamación de la glándula que produce las excusas, la cual es fatal para el éxito.

Comienza asumiendo que cada problema o dificultad tiene una respuesta o solución esperando ser hallado. La plena confianza en que existe una solución, y que puedes encontrarla, te hace estar positivo, confiado y con más posibilidades de resolver el problema.

Solucionar inconvenientes y tomar decisiones es lo que haces en la vida y en el trabajo todo el día. No importa cuál sea la descripción del cargo escrita en tu tarjeta de negocios, tu verdadero cargo es "solucionador de problemas".

Tu éxito y promoción profesional los determina en gran medida tu habilidad demostrada para resolver los asuntos que enfrentas en tu nivel actual.

En una ocasión, Henry Kissinger dijo: "la única recompensa que obtienes por resolver problemas, son mayores problemas para resolver".

Cuanto más grandes y más complejos sean los problemas que puedas solucionar, más valioso e importante te haces para tu organización, y mayor será tu pago. Las personas más respetadas y exitosas en cualquier empresa son las que pueden dar solución a los inconvenientes más grandes y complejos.

CONCÉNTRATE EN LA SOLUCIÓN

Tu capacidad para concentrarte en un solo problema o decisión es muy importante para tu éxito. La misma cantidad de electricidad que se usa para encender una bombilla, se usa para un rayo láser con el que se puede cortar acero. Cuando concentras toda tu atención en resolver un problema en particular o en alcanzar una meta determinada, tu mente se convierte en un rayo láser, capaz de cortar cualquier obstáculo que se interponga en tu camino.

Puedes mejorar de forma asombrosa tu capacidad para solucionar problemas haciendo una y otra vez las preguntas correctas y respondiéndolas. Hace algunos años, cuando dirigí seminarios para IBM sobre resolución de problemas y toma decisiones, siempre comenzaba animando a los participantes a hacer varias de preguntas claves.

La pregunta número uno era: ¿exactamente, cuál es el problema con el que estás tratando ahora?

El mayor obstáculo para resolver problemas es la falta de claridad respecto a cuál es el problema.

La segunda pregunta era: ¿es este en realidad un problema o podría ser una oportunidad?

Muchos de los grandes avances en los negocios y en la ciencia se han producido como resultado de un producto, servicio o experimento que ha fallado por completo. Este fracaso reveló información nueva u obligó a las personas a hacer algo muy diferente a aquello con lo que habían comenzado. Y esa nueva dirección condujo a un gran éxito.

EL GRAN AVANCE

Uno de los grandes avances del siglo veinte fue el descubrimiento de la penicilina por parte de Sir Alexander Fleming, en un fallido experimento de laboratorio. En 1928, Fleming puso unas bacterias en agar (sustancia gelatinosa de origen marino) dentro de un plato de vidrio y luego salió a almorzar. A su regreso, no le gustó encontrar que todas las bacterias de su experimento habían muerto. Mientras un investigador típico habría desechado el agar contaminado para volver a comenzar, Fleming se preguntó "¿qué clase de sustancia fue tan poderosa como para matar tan rápido a todas esas bacterias?"

Encontró que un experimento con una nueva espora en otra parte del laboratorio había quedado descubierto, permitiendo que las esporas flotaran por el aire, cayendo en diferentes partes del laboratorio, incluyendo las bacterias en el plato de agar de Fleming. Estas esporas terminaron siendo aisladas y denominadas penicilina, el antibiótico más poderoso jamás descubierto. En la Segunda Guerra Mundial, una década después, la penicilina impidió que se perdieran millones de vidas por enfermedades o infecciones.

Como consecuencia de este descubrimiento, Fleming fue nombrado caballero por el rey de Inglaterra, ganó el Premio Nobel de medicina, se hizo muy rico, y fue reconocido como uno de los doctores más respetados y estimados en la historia británica.

EXPANDE TU DEFINICIÓN

Cuando tengas una definición clara del problema, hazte la pregunta mágica: ¿Qué *otra cosa* es el problema? La norma es estar atento a un problema para el que sólo hay una definición. Parece que cuantas más formas tengas para definir y expresar en otras palabras el problema, más probabilidades tendrás de llegar a la definición correcta, la cual conducirá a la solución correcta. Tómate tu tiempo.

La siguiente pregunta que te debes hacer es: ¿cuál es la mejor solución a este problema?

Cuando hayas determinado la mejor solución, pregunta: ¿cuál otra puede ser una solución? De nuevo, presta atención porque sólo hay una definición. Sigue preguntando ¿cuál otra puede ser una solución?

Un gran obstáculo para la resolución de problemas es saltar a las conclusiones y tomar decisiones antes de haber considerado todas las demás posibilidades. Cuantas más soluciones puedas desarrollar, incluyendo no hacer nada en absoluto, antes de proceder a una decisión, más probabilidades tendrás de encontrar la resolución ideal. Al parecer hay una relación directa entre la *cantidad* de definiciones del problema y las soluciones que puedes desarrollar y la *calidad* de la decisión final que implementes.

LLUVIA DE IDEAS REPLANTEADA

Practica el método de lluvia de ideas explicado en el capítulo anterior para desarrollar la mayor cantidad de soluciones de forma rápida. Escribe en la parte superior de una hoja tu definición del problema, pero en forma de pregunta: "¿cómo podemos resolver este problema o alcanzar esta meta?"

Luego debes darte a la tarea de escribir al menos veinte respuestas a tu pregunta. Cuantas más soluciones puedas generar, por la *ley de probabilidades,* más posibilidades tendrás de generar la solución correcta, la cual conducirá al avance que deseas. Tómate tu tiempo.

UN AUMENTO DEL 500%

Hace unos años hice el siguiente ejercicio con los altos ejecutivos de una compañía de $20 millones de dólares. Ellos habían trabajado por más de veinte años para alcanzar ese nivel de ventas y utilidades. Su pregunta era: ¿cómo podemos duplicar nuestras ventas durante los próximos cinco años?

Luego dedicamos la siguiente hora a escribir todas las diferentes formas de superar los obstáculos de la competencia y los desafíos de los cambios rápidos para poder alcanzar esta meta. Después organizamos las ideas por prioridad y decidimos cuáles eran entradas y cuáles eran salidas, o resultados.

Por último, asignamos responsabilidades específicas por cada tarea a diferentes personas y trazamos plazos para la realización de cada trabajo. Y por último todos volvieron a su trabajo.

Cinco años después, me invitaron a un banquete especial para celebrar su mejor año en la historia. Pero en lugar de duplicar sus ventas en cinco años al aplicar muchas de las nuevas ideas que habían generado, habían llegado a ¡$105 millones! Se habían convertido en líderes del mercado y hoy siguen siéndolo.

ASIGNA RESPONSABILIDAD

Cuando hayas identificado con claridad el verdadero problema que estás tratando de resolver, y estés de acuerdo con la mejor solución, la siguiente pregunta es: ¿quién será el responsable de llevar a cabo la solución?

Es asombroso cuántas reuniones para solucionar problemas terminan con una solución clara y acordada, pero dos semanas después el problema todavía persiste. ¿Por qué? Porque a nadie se le asignó la responsabilidad específica de implementar la solución.

Cuando elijas a una persona determinada para que sea la responsable de la solución, establece medidas que puedas usar para determinar el progreso, y asegurarte que la solución ha tenido éxito. Establece plazos finales e intermedios. Cuanto más importante sea la solución para tu empresa o para ti a nivel personal, más frecuente debería ser tu seguimiento para asegurarte de que todo se está haciendo a tiempo y dentro del presupuesto.

EL PRINCIPIO PETER

Hace unos años, un hombre llamado Dr. Laurence Peter escribió un libro llamado *The Peter Principle*. Este fue un éxito en ventas y un elemento revelador para millones de personas. Peter dijo: "cada persona en una organización es promovida de manera continua según su capacidad para realizar su trabajo y obtener resultados. Este proceso de promoción continúa hasta que el empleado alcanza el nivel donde ya no puede hacer su trabajo de forma satisfactoria. En ese punto, deja de ascender. Su carrera se nivela".

Por esta razón; Peter, dijo: "con el tiempo, cada persona llega a su nivel de incompetencia".

Su perspectiva crítica indicaba que las personas que han alcanzado su nivel de incompetencia, terminan llenando cualquier organización grande en todos sus niveles. No tienen la capacidad de hacer bien su trabajo a ese nivel, y tampoco pueden pasar a un cargo más alto ni uno más bajo. Todas las organizaciones, pero en especial las gubernamentales, terminan repletas de personal incompetente. Esta perspectiva explica muchos de los problemas que hay con el bajo desempeño y el excesivo gasto en las burocracias gubernamentales.

TU HABILIDAD PARA RESOLVER PROBLEMAS

Esto también sucede en tu vida. Cuando comienzas tu carrera, te asignan un trabajo que debes hacer, pidiéndote que soluciones problemas y logres resultados a ese nivel. Te promueven casi de manera automática a posiciones de mayor responsabilidad cuando demuestras dominio de tu trabajo, solucionando problemas, superando los obstáculos y obteniendo los resultados esperados.

En cada nuevo cargo, los problemas que enfrentas se hacen más complejos y difíciles, y tienen mayores consecuencias para el éxito o el fracaso. Y a medida que demuestras tu capacidad para solucionar dificultades a ese nivel, te van promoviendo de manera automática una y otra vez. Tu capacidad para solucionar problemas y alcanzar resultados determina cuán alto y lejos vas a llegar en tu carrera.

ORIÉNTATE A LAS SOLUCIONES

Desarrolla una intensa orientación hacia los resultados. Cuando más pienses en las soluciones, más vas a descubrir. Si sientes más confianza en poder solucionar cualquier problema que enfrentes, más probabilidades tendrás de encontrar la solución correcta en el momento preciso para ti.

Identifica tus mayores **PROBLEMAS** de hoy. Piensa en los pasos que puedes dar ya para solucionarlos. Luego toma una acción continua hacia la solución de tus problemas y el alcance de tus metas.

El tiempo para resolver problemas y tomar decisiones se puede abordar de dos maneras. La primera es cuando te sientas en silencio y a solas con una libreta de papel, y te concentras en un problema a la vez, escribiendo todas las ideas que vienen a tu mente.

La segunda es cuando colaboras con una o más personas, concentrándose en un solo problema u obstáculo. Estas dos actividades son más importantes para tu éxito que cualquier otra cosa que hagas.

El tiempo para resolver problemas y tomar decisiones, si lo planeas y usas bien, puede ayudarte más a avanzar en tu carrera que casi cualquier otra actividad que realices.

<<< EJERCICIOS DE ACCIÓN>>>

1. ¿Cuál es el mayor problema con el que estás luchando hoy? Defínelo por escrito.

2. Escríbelo en forma de pregunta en la parte superior de una hoja comenzando con "¿cómo podemos resolver este problema?"

3. Adquiere la disciplina, a solas o con otros, de generar veinte diferentes formas de resolver este problema. Emprende acciones de inmediato al menos sobre una de las respuestas.

8

TIEMPO PARA LA FAMILIA Y PERSONAS

Cuando mires al pasado en tu vida, encontrarás que los
momentos más destacados, aquellos en los que
de verdad has vivido, son cuando has hecho
las cosas con un espíritu de amor.

—HENRY DRUMMOND

El tiempo que inviertes con otras personas, y la manera como lo inviertes, puede llegar a determinar hasta el 85% de tu felicidad, éxito o fracaso en la vida.

El tiempo con otras personas es diferente al tiempo de trabajo, el productivo, el de creatividad y de aprendizaje. Lo que debes hacer para ser efectivo y tener éxito en tu trabajo y carrera es casi lo opuesto a lo que debes hacer para ser efectivo y tener éxito con tu familia y tus relaciones.

Las relaciones armoniosas requieren grandes porciones de tiempo *sin interrupciones,* ya sea en casa y en el trabajo. En tu carrera, las cosas que haces y dices en tus interacciones con los demás, determinan en gran medida tu futuro. Muchas personas se dejan afectar más por los problemas personales que por la falta de competencia técnica en cualquier empresa y tipo de economía. En casa, la calidad de tus relaciones es más importante que cualquier otra cosa.

En la vida hay una ecuación muy sencilla. $CR \times CR = EP$, o la cantidad de tus relaciones multiplicada por la calidad de esas relaciones es igual a tu éxito personal.

En casa, las personas que amas y que te aman determinan la calidad de la vida emocional. Tu elección de cónyuge, compañero o pareja la determinará en gran medida cuán feliz y pleno vas a ser.

La única forma de mejorar el valor de una relación es invertir más tiempo en ella. Hay una relación directa entre la cantidad de tiempo que inviertes y la calidad de la relación que tienes con esa persona. Nada puede reemplazar el tiempo, y por lo general el tiempo cara a cara.

EL EQUILIBRIO ES ESENCIAL

Para ser feliz de verdad, debes lograr un equilibrio entre tu familia/relaciones y tu vida de trabajo. Pero cada una de estas actividades requiere un tiempo de tiempo diferente. El trabajo requiere tiempo de calidad, estableciendo metas y prioridades, realizando actividades de alto valor, obteniendo resultados y desempeñándote a tu mejor nivel. El tiempo de familia requiere cantidad, extensiones de tiempo largas y *sin interrupciones* donde suceden los momentos más felices e importantes de tu vida.

Se dice que vivimos la vida por días y meses, pero la experimentamos por *momentos.* Los momentos de mayor importancia en tu vida, cuando recuerdas, casi siempre se dan de forma espontánea e inesperada, por lo general son sorpresivos. Puedes no haberlos planeado o preparado.

El ensayista Michel de Montaigne escribió: "las mayores alegrías de la vida son recuerdos felices que puedes rememorar en cualquier momento. Por esto, el gran negocio de la vida es crear la mayor cantidad de ellos como sea posible".

Creas recuerdos al disponer de grandes cantidades de tiempo relajado y no estructurado durante el cual se pueden presentar esas memorias inesperadas. Y nunca sabes cuándo van a presentarse.

COMO ES POR DENTRO, ASÍ ES POR FUERA

Un propósito importante de trabajar para tener éxito en su carrera es poder disfrutar de un mayor estándar y calidad de vida con las personas que son más importantes para ti. Serás feliz de verdad cuando tu comportamiento externo coincida o esté en armonía con tus valores internos. La falta de congruencia hace que tu vida esté desbalanceada y es una gran fuente de estrés e infelicidad, así como de enfermedad física y mental.

Muchas personas, dicen que sus familias son más importantes para ellos que cualquier otra cosa. Dicen que la principal razón por la cual están trabajando tanto es para darles una buena vida. Pero trabajan durante muchas horas, llegan tarde a casa, ven televisión al llegar, y juegan golf los fines de semana. Recientes investigaciones dicen que el padre promedio pasa alrededor de ocho minutos diarios con cada uno de sus hijos.

Esta asignación de tiempo puede generar mucho estrés. Así como un auto vibra y se sacude cuando una rueda pierde alineación, tu vida comienza a sacudirse y vibrar, a hacerse infeliz y estresante cuando pierde su equilibrio.

IMAGINA TU VIDA IDEAL

El punto de partida para equilibrar tu vida es practicar la *idealización*. Imagina que puedes mover una varita mágica y hacer que tu familia y vida personal sean perfectas en todo sentido. ¿Cómo se vería? ¿Qué tipo de estilo de vida tendrías? ¿Dónde vivirías? ¿Dónde trabajarías? ¿Qué estarías haciendo? ¿Con qué clase de personas vivirías o trabajarías? ¿Y en que diferiría tu vida ideal futura con la vida que tienes hoy?

Practica un pensamiento partiendo de ceros en cuanto a tu trabajo y tu vida personal. Haz preguntas: con lo que ahora conozco, ¿hay algo que esté haciendo en mi vida en lo que no me involucraría hoy?

Aplica esta pregunta a tus relaciones de todo tipo. ¿Con lo que ahora conoces, hay alguien en tu vida personal o de negocios con quien no te volverías a involucrar?

Si la respuesta es sí, entonces tu siguiente pregunta es sencilla: ¿Cómo puedo salir de esta situación y qué tan rápido puedo hacerlo?

Es asombrosa la cantidad de personas infelices y bajo estrés, que no se sienten plenas porque siguen en una relación que, según lo que ahora conocen y basándose en sus experiencias, nunca habrían iniciado si hubiesen tenido la oportunidad.

Lo que he descubierto es lo siguiente: si después de haber conocido alguien, hoy no estarías dispuesto a iniciar una relación con esa persona, entonces esa relación ha terminado. Ha *concluido*. No se puede salvar. La única pregunta ahora es: ¿Durante cuánto tiempo vas a sufrir y cuánto pagarás antes de admitir que la relación ha terminado?

ORDENA TUS RELACIONES

Uno de los mejores usos de tu tiempo es poner en orden tus relaciones. Adquiere el hábito de examinar cada una de tus relaciones importantes y haz las siguientes preguntas:

¿Qué debería estar haciendo más si quisiera que ambos fuéramos más felices?

¿Qué debería hacer menos para mejorar la calidad de esta relación?

¿Qué debería empezar a hacer hoy, que no esté haciendo, si quiero mejorar esta relación?

¿Qué debería dejar de hacer para mejorar la calidad de esta relación?

Hace unos años, después de descubrir estas preguntas, fui a casa y hablé con mi esposa y mis hijos pequeños. Les pregunté qué querían que hiciera más y que hiciera menos para ser un mejor esposo y padre. ¿Qué les gustaría que comenzara a hacer o que dejara de hacer para hacerlos más felices?

Ellos no vacilaron. Me dieron sus respuestas. Tenían muchas sugerencias respecto a qué hacer en más o en menos cantidad, o qué comenzar a hacer o dejar de hacer. Me asombró un poco cuánto tenía por mejorar. Acepté su consejo sin discutir o defenderme y tomé acciones al respecto. Necesité mucho valor, pero fue uno de los mejores ejercicios para la construcción familiar que jamás haya practicado. Inténtalo tú mismo y observa los resultados.

¿QUÉ ES LO MÁS IMPORTANTE?

La siguiente es una buena forma de mejorar la calidad de tus relaciones y vida familiar. Pregunta: ¿qué haría, cómo invertiría mi tiempo, si hoy me enterara que sólo me quedan seis meses de vida?

Esta es una excelente pregunta. ¿Qué haría en mayor o en menor cantidad? ¿Qué comenzarías a hacer o qué dejarías de hacer? ¿Cómo pasarías tus últimos seis meses en la Tierra? Casi sin dudarlo, tu respuesta girará en torno a las personas que hay en tu vida, haciendo las paces con personas del pasado y dedicando el resto del tiempo a estar con quienes son más importantes para ti.

Esta es la norma: deberías empezar a hacer de inmediato lo que sea que quisieras hacer si supieras que tienes poco tiempo de vida. Debes incorporar tu respuesta a tu vida cotidiana. No esperes a que sea demasiado tarde.

ESTÁ COMPLETAMENTE PRESENTE CUANDO ESTÉS CON TU FAMILIA

La clave para una vida feliz es pasar más tiempo con tu familia. ¿Pero qué significa eso con exactitud? Significa que cuando estés con tu familia, de verdad debes estar ahí el cien por ciento del tiempo. Apaga el televisor y la computadora. Apaga tu teléfono inteligente o ponlo en silencio. Cierra el libro que estés leyendo y dobla el periódico.

Elimina todas las distracciones. Concéntrate en la otra persona, como si fuera la más importante del mundo. Estás con otra persona cuando estás cara a cara, cabeza a cabeza, rodilla a rodilla y corazón a corazón. De verdad pasas tiempo con otra persona únicamente cuando estás *frente a ella,* estás comprometido por completo cuando hablas con esa persona, escuchas con atención a sus respuestas y le das toda tu atención.

Cuando alguien en tu familia o casa quiere hablar contigo, deja lo que estés haciendo y concéntrate en él o ella y en lo que tiene para decir. Haz que la otra persona entienda que en ese momento es la más importante del mundo.

CONFIANZA Y SIMPATÍA

Las cualidades más importantes para el éxito con las personas en el trabajo y en casa, son la confianza y la simpatía. Mientras le agrades a la otra persona y confíe en ti, tu relación puede soportar cualquier cantidad de problemas.

Pero si la confianza y el respeto se pierden, la relación colapsará con el paso del tiempo.

Y esta es la regla: *el escuchar construye confianza.*

Hay una relación directa entre cuánto y qué tan bien escuchas, y el nivel de calidez y confianza que desarrollas con la otra persona.

Hay cuatro claves para escuchar con efectividad. Cuando practiques estas habilidades de escucha con cada persona que conozcas, te asombrarás con los resultados.

1. ESCUCHA CON ATENCIÓN

Cuando alguien te hable, deja de hacer de inmediato lo que estés haciendo. Mira de frente a la persona. Concentra tus ojos en sus labios y también toma momentos para mirarla a los ojos. Inclínate hacia adelante. Asiente, sonríe y participa de forma activa en las palabras y conversación de la otra persona.

Por sobre todo no interrumpas. Cuando interrumpes a alguien mientras habla, es como si extendieras tu pierna para hacer caer a alguien que va caminando por la acera. Interrumpir a otra persona es como hacerla tropezar a nivel emocional. La hace sentir enojada y frustrada. Interrumpir a alguien disminuye de inmediato el nivel de confianza y calidez que pueda sentir hacia ti.

El escuchar con intensidad es el mejor halago. Cuando escuchas de esa forma a otra persona mientras habla, tu acción crea un impacto a nivel emocional y físico. Su ritmo cardíaco aumenta, y su autoestima se eleva. Las personas se agradan más a sí mismas cuando las escuchas con intensidad, y como resultado, tú terminas agradándoles más también.

2. HAZ UNA PAUSA ANTES DE RESPONDER

Cuando la otra persona deje de hablar, guarda silencio por unos segundos o más. Resiste la urgencia de expresar de inmediato tus propias ideas u opiniones.

La mayoría de personas no escuchan a los demás, solo esperan con amabilidad hasta poder introducirse con sus propios comentarios u observaciones. Se dice que "la mayoría de la conversación no consiste en escuchar sino en esperar". Pero cuando haces una pausa antes de responder y después de que la otra persona ha dejado de hablar, logras tres maravillosos beneficios:

Primero, evitas el riesgo de interrumpir si la otra persona solo se ha detenido para organizar sus ideas antes de proseguir.

Segundo, con tu silencio estás comunicando que de verdad valoras lo que está diciendo, y por extensión la valoras como persona al hacer una pausa y permitir que haya silencio en la conversación.

Tercero, cuando haces una pausa, escuchas a la otra persona a un nivel mental más profundo. Escuchas lo que se dice y lo que no, y permites que las palabras dichas profundicen por unos segundos.

3. HAZ PREGUNTAS PARA ACLARAR

Nunca asumas que entiendes con precisión lo que la otra persona dijo o quiso decir. Si tienes una pregunta, solo sonríe y di "¿qué quieres decir?"

Esta es una pregunta mágica en cualquier idioma. Cuando le preguntas a alguien "¿qué quieres decir?" esa persona siempre seguirá hablando y ampliando lo que acaba de decir.

También puedes preguntar: "¿exactamente qué es lo que quieres decir?"

Lo bueno de esta pregunta es que es "invisible". Puedes hacer la misma pregunta varias veces, y la otra persona nunca escuchará la pregunta en sí. En lugar de eso, su mente se concentrará de inmediato en la respuesta, la cual te dará a medida que siga hablando.

La norma es que la persona que hace la pregunta es quien tiene el control.

La persona que hace las preguntas controla de manera muy sutil a quien las responde. El secreto para ser encantador en tus conversaciones con otras personas es hacer preguntas, sonreír, asentir, escuchar con intención y reaccionar ante la otra persona como si lo que está diciendo e lo más importante y fascinante que jamás hayas escuchado. La primera vez que intentes esto, quedarás sombrado con la reacción del otro.

4. HAZ RETROALIMENTACIÓN

La cuarta clave para escuchar con efectividad está en hacer retroalimentación en tus propias palabras. En lugar de responder de inmediato, di algo como esto: "déjame estar seguro de que estoy entendiendo con precisión lo que acabas de decir. ¿Querías decir esto, aquello u otra cosa?"

Esto se llama la *prueba ácida de la escucha*. Cuando puedes dar retroalimentación en tus propias palabras sobre lo que la persona acaba de decir, parafraseando sus pensamientos o ideas, le estás demostrando que sí estabas escuchando. Como consecuencia, le agradarás y te respetará más, y estará más abierta a tu influencia.

CREA CONEXIONES CON LOS DEMÁS

El autor de *Emotional Intelligence,* Daniel Goleman, dijo en una entrevista para Fortune que la forma más elevada de inteligencia emocional, y la cualidad humana más útil e importante, es la capacidad de persuasión. Las personas de éxito, en cualquier área de la vida, son más persuasivas que otras. Tienen una maravillosa capacidad para persuadir a los demás para que colaboren con ellos y que sigan sus ideas.

El presidente Dwight D. Eisenhower dijo en una ocasión: "la clave para el liderazgo es hacer que las personas hagan lo que quieres que hagan y crean que fue su idea".

La mejor manera de ser más persuasivo es hacer preguntas bien pensadas y organizadas que conduzcan a las personas hacia tu punto de vista. Escuchar es quizás uno de los elementos de persuasión más poderosos que puedas practicar.

SIETE CLAVES PARA TENER ÉXITO CON LOS DEMÁS

Dale Carnegie, en su exitoso libro How to Win Friends and Influence People, dijo: "el anhelo más profundo de la naturaleza humana es la necesidad de sentirse importante".

Los psicólogos dicen que tu nivel de autoestima, cuánto te agradas y respetas a ti mismo, y qué tan importante y valioso te sientes, yace en el núcleo de tu personalidad.

Tu autoestima determina cuán feliz te sientes contigo mismo y tus relaciones con los demás, determina las metas que te trazas y qué tan persistente eres para alcanzarlas y qué tan feliz eres cada día.

Hay siete maneras en las que puedes hacer que los demás se sientan importantes, elevando sus niveles de autoestima y autoconfianza, y haciéndoles sentir felices consigo mismos.

1. SÉ POSITIVO

Rehúsate a criticar, quejarte o condenar a otra persona por cualquier razón. Siempre que criticas a alguien, sin importar el motivo, menoscabas su autoestima, le quitas su autorrespeto y minas su autoconfianza. Las críticas, las quejas y el juzgar hacen que las personas se sientan enojadas e infelices.

Las críticas destructivas son los comportamientos más hirientes. Las críticas destructivas en la niñez son la principal razón de gran parte de la infelicidad y de los problemas en la vida adulta. Elimínala de tu vocabulario.

2. SÉ AMABLE

Ser amable significa no tener discusiones. Nunca le digas a otra persona que está equivocada. Esto hará que se enoje y tome una posición defensiva. Se cerrará y no aceptará tu influencia. Si le dices a alguien que está equivocado, estás reduciendo su autoestima y haciéndola sentir resistente a cualquier intento que hagas para demostrar que cometió un error.

En lugar de eso, cuando alguien dice algo con lo que no estás de acuerdo, puedes tomar el control de la conversación mediante preguntas tales como: ¿por qué dices eso? y ¿dónde lo escuchaste?

En lugar de discutir, sé curioso. Pídeles a los demás que te ayuden a entender su punto de vista. Practica tus habilidades para escuchar. Sonríe, asiente y presta atención.

En muchos casos, así la persona esté equivocada por completo respecto a un tema, no es tan importante. Déjalo pasar. En realidad, no importa.

3. PRACTICA LA ACEPTACIÓN

Una de las más profundas necesidades subconscientes de cada persona es que los demás la acepten tal como es, sin ningún juicio o crítica. Muchos de los problemas personales, políticos o sociales que tenemos por todo el país y en todo el mundo los causan personas que claman por la aceptación de los demás.

¿Y cómo puedes expresar aceptación? Sencillo. Sonríe siempre que conozcas a alguien. Siempre que sonríes, les estás diciendo a los demás que los aceptas sin condiciones. Les comunicas que son valiosos. Como resultado, se agradan y aceptan a sí mismos mucho más. Se siente más felices consigo y más felices contigo.

4. EXPRESA APRECIO

Es probable que las palabras más mágicas en cualquier idioma sean las de *agradecimiento*. Siempre que le das gracias a otro por cualquier cosa que haya dicho o hecho, su autoestima crece de inmediato. Se agrada y respeta a sí mismo más. Se siente más feliz. Así está más dispuesto a hacer aún otras cosas de las que te hacen feliz a ti, haciendo que vuelvas a darle las gracias.

5. PRACTICA LA ADMIRACIÓN

Siempre que tengas la oportunidad, expresa tu admiración hacia los demás. Como lo dijo Abraham Lincoln, "a todo nos gusta recibir un cumplido".

Hazle un cumplido a los demás por sus posesiones, sus logros y sus rasgos personales. Muestra tu admiración para con el anfitrión por la bella casa que tiene y la hermosa decoración.

Hazle un cumplido al hombre de negocios por su oficina y lugar de trabajo. Reconoce con aprecio los logros, títulos y premios de los demás. Siempre puedes encontrar algo para reconocer, y cuando lo haces, no solo elevas la autoestima de la otra persona y la haces sentir importante, sino también que te sientes mejor y más feliz contigo mismo.

6. EXPRESA ELOGIOS Y APROBACIÓN

Elogia a los demás por todo lo que hagan por ti, sea grande o pequeño. Una definición de autoestima es qué tan *loable* se siente una persona. Tu propia autoestima la determina qué tan digno te sientes de ser elogiado y respetado por los demás.

En el mundo de hoy, toda la búsqueda de admiración, aprobación y recompensas es para satisfacer la profunda necesidad humana de tener la aprobación de los demás. Cuando satisfaces esta necesidad con cada persona que habla contigo, elevas su autoestima y aumentas su deseo de cooperación contigo.

7. PRESTA ATENCIÓN

Escucha a los demás cuando quieran hablar. Cuando le prestas atención a otra persona, sin palabras le estás diciendo que la consideras valiosa e importante. Esta es la magia de escuchar de la que hablamos antes.

Siempre le prestas atención a las personas que más valoras. Así mismo ignoras a quienes no valoras. De hecho, al ignorarlos, los devalúas y los haces sentir menos importantes.

Este es un ejemplo: imagina que estás teniendo una agradable conversación con otra persona frente a frente. Pero, mientras la otra persona está hablando, miras hacia otra parte y dejas de escuchar. ¿Cómo se ha de sentir la otra persona? ¿Cómo te sentirías si alguien mira hacia otra parte y deja de escucharte en medio de una conversación?

Cuanta más atención le prestes a la otra persona, más valiosa e importante se va a sentir. Como consecuencia, le agradarás y confiará en ti, y disfrutará estar contigo. El estar atento a la otra persona es la manera más rápida de satisfacer su profunda necesidad emocional para sentirse importante y la hace sentir feliz consigo misma.

EL BENEFICIO DEL ÉXITO

Hace varios años, en un vuelo de San diego a Chicago, a mi lado se sentó un hombre de negocios. Resultó ser un ejecutivo muy adinerado y exitoso que había fundado y construido una empresa de $300 millones de dólares. Durante ese vuelo me relató una historia que nunca olvidé.

Dijo que acababa de asistir a una reunión de tres días en San Diego con muchos otros ejecutivos, una reunión que había terminado con una larga y agradable cena en un costoso restaurante.

Todos los asistentes habían comenzado con poco o nada y alcanzado el éxito con el paso de los años. Mientras hablaban y compartían acerca de sus triunfos, uno de los integrantes del grupo tomó la palabra y preguntó: "¿qué es el éxito?"

Como era uno de los más inteligentes y perspicaces que estaban en la mesa, todos guardaron silencio para escuchar su respuesta a la pregunta. Luego dijo: "el éxito significa no más personas difíciles en tu vida". (De hecho, uso otra palabra más colorida para referirse a las personas difíciles. Usa tu imaginación).

UNA SENCILLA VERDAD

Todos se rieron y estuvieron de acuerdo. Habían entendido que una de las más grandes bendiciones del éxito, en especial el financiero, es que tú puedes decidir no tener nada que ver con personas negativas, por ningún motivo. No tienes que permitirles hacer parte de tu vida, y si ya están ahí, puedes sacarlos. Puedes decidir vivir y trabajar con personas que te agradan, a quienes respetas y con quienes disfrutas estar.

Esta es la pregunta: ¿Por qué has permitido que en tu vida haya personas negativas? Las personas negativas son la principal fuente de casi toda tu infelicidad. Causan más dolor, ira, frustración, agravios e infelicidad que todos los demás factores juntos.

¿Por qué les has permitido a las personas negativas hacer parte de tu vida?

La respuesta es porque por lo general crees que los beneficios o recompensas que esperas obtener de esa relación con una persona negativa, en algún momento superarán los costos, el dolor y los agravios que vas a sufrir por persistir en esa relación.

Pero este es el punto: ¿Alguna vez obtuviste algo bueno o benéfico por seguir asociado con una persona negativa o difícil? Y la respuesta siempre será no. No importa cuánto hayas invertido con la persona negativa, al final no recibiste ningún beneficio duradero. De hecho, lo opuesto puede ser cierto. El costo de esa relación negativa fue enorme, y nunca hubo beneficios de compensación.

LA GRAN LECCIÓN

Este es el punto: las personas más adineradas y exitosas han llegado al punto donde se rehúsan a tener personas negativas en sus vidas. Como este tipo de personas nunca te aportan alguna ventaja o beneficio, puedes decidir ahora mismo hacer lo que hacen los más ricos y exitosos del mundo. Puedes decidir, deshacerte de las personas negativas que haya en tu vida.

Decide en este instante que no vas a tener personas difíciles en tu vida. Si las hay, vas a deshacerte de ellas de inmediato. A partir de ahora, vas a vivir y trabajar con personas que te agradan y con quienes disfrutas estar. Decide en este momento que te vas a rehusar por completo a tener algo que ver con personas que te hagan sentir infeliz o negativo en algún aspecto.

Esta es una de las decisiones más importantes que puedas tomar en tu vida. El mismo hecho de decidir deshacerte de determinada persona negativa en tu vida, te hará sonreír y sentir feliz. De hecho, tendrás una sensación de alivio incluso antes de haber hecho algo para dar fin a la situación negativa.

Con lo que ahora conoces y si tuvieras que volverlo a hacer, ¿hay alguien en tu vida que no volverías a invitar a hacer parte de ella? Esta es una de las preguntas más importantes que puedes hacerte y responder.

Los tiempos para otras personas y para tu familia son sin duda los más importantes de tu vida. La manera como trates con esos tiempos cada día, e incluso a cada minuto, **TIENE MÁS DE UN EFECTO EN TU FELICIDAD Y ÉXITO QUE CUALQUIER OTRO FACTOR.**

<<< EJERCICIOS DE ACCIÓN >>>

1. Identifica a las personas más importantes de tu vida, aquellas personas cuya salud, felicidad y autoestima son de gran importancia para ti.

2. Decide cuáles son las cosas más importantes que puedes decir o hacer para hacerlas sentir más felices y más valiosas.

3. Toma hoy la decisión hacer o expresar algo cada día con el único objetivo de hacer que otra persona se sienta más valiosa e importante.

9

TIEMPO PARA DESCANSAR Y RELAJARSE

Muy en el fondo de cada hombre se encuentran
dormidos esos poderes; los que lo asombrarían,
los que nunca soñó tener, las fuerzas
que revolucionarían su vida si surgieran
y tomaran acción.

—ORISON SWETT MARDEN

Todos los tipos de tiempos, todos los minutos y horas, no son lo mismo. Como lo habrás notado hasta ahora, hay una gran diferencia entre el tiempo para trazar metas y el tiempo con las personas. También hay una gran diferencia entre el tiempo de trabajo y el tiempo dedicado para descansar y recobrar fuerzas.

Así como el tiempo para ser productivo requiere enfoque y concentración con intensidad para hacer el uso más valioso del mismo en ese momento, el tiempo de descanso y relajación requiere que te recuestes y no hagas nada productivo o importante.

Resulta que las personas adineradas, las que comienzan con poco o nada y acumulan muchas riquezas en el transcurso de sus carreras, duermen por más tiempo y toman más tiempo libre que las personas promedio o con pocos recursos. Tú también deberías tomar más tiempo libre para descansar y recargar tus baterías mentales.

LA NATURALEZA DEL CONOCIMIENTO EN EL TRABAJO

Tú eres un trabajador de conocimiento. Trabajas con tu mente, tu cerebro. No eres un trabajador de fábrica o de agricultura que hace su labor con sus músculos, haciendo y moviendo cosas para ganarte la vida. La calidad de tu vida la determina en gran medida la calidad de tus pensamientos.

El activo más valioso que aportas a tu negocio y tu carrera es el *tiempo de pensamiento descansado*. Esto sucede cuando tomas suficiente tiempo libre para pensar con calma y claridad, tomar buenas decisiones y hacer un trabajo excelente tanto a solas como con otras personas.

Tu empresa contrató tu cerebro y lo que puedes hacer con él. Tu responsabilidad, es asegurarte de llevar un cerebro descansado, refrescado, alerta y agudo a tu trabajo, a fin de concentrarte en obtener los resultados que se esperan de ti.

Muchos piensan que no importa si han descansado bien o no. Consideran que lo importante es el número de horas que dedican a trabajar, en lugar de la calidad de esas horas. Pero esto no es verdad. Muchos estudios han comprobado que tu capacidad de pensamiento declina después de ocho horas de trabajo. Después de diez horas, funcionas a un 50% de tu capacidad. Eres como un boxeador durante los últimos rounds de una pelea, te mantienes de pie, lanzando algunos golpes, así no hagas grandes progresos.

TU CEREBRO ES UNA BATERÍA

Imagina que tu cuerpo es un vehículo que lleva a tu cerebro por todas partes, incluyendo hacia y desde el trabajo. Necesitas un cuerpo bien descansado para llevar un cerebro bien descansado y refrescado al trabajo, para así poder dar tu mejor rendimiento.

Imagina que tu cerebro es como una batería que pierde su energía, se descarga y se quema con el tiempo. Se calcula que todo un 80% de tu energía lo consume la actividad mental más que la actividad física. Es por esto que al final de un largo día de negocios o después de una intensa reunión, te sientes muy cansado, incluso exhausto, y apenas con capacidad de decidir qué quieres para cenar. Tu glucosa, la energía con la que se alimenta tu cerebro, se ha agotado.

Así como un teléfono celular necesita ser recargado con frecuencia para poder funcionar a su mayor capacidad, tú también necesitas recargar tu cerebro con regularidad. Debes separar periodos de tiempo específicos, y a menudo extensos, para recargar por completo tu batería cerebral, de modo que puedas estar alerta y consciente la mayor parte del tiempo.

EL PELIGRO DE LA DOPAMINA

Como ya lo mencioné antes, vivimos en la era de las distracciones electrónicas. Si no controlas el mundo que te rodea, te encontrarás siendo bombardeado por correos electrónicos, mensajes de texto y llamadas telefónicas durante todo el día. Cada vez que respondes a la novedad de un correo electrónico o de un mensaje de texto, tu cuerpo libera una carga de dopamina, el mismo químico que se encuentra en la cocaína. Esta dopamina actúa como estimulante y te da una leve sensación de placer.

Este estímulo y sentimiento de placer te motiva a repetir el proceso, respondiendo al siguiente mensaje de texto o correo electrónico, o enviando uno nuevo a otra persona. Una vez respondes a tu primer correo electrónico en la mañana, y recibes tu primera descarga de dopamina, te resulta más y más difícil no dar respuesta a los mensajes entrantes, y con el tiempo ya no puedes resistirte.

Cuando revisas tu primer correo electrónico o respondes al primer mensaje de texto, terminas reaccionando y respondiendo a los estímulos electrónicos durante todo el día. Recientes investigaciones sugieren que el sonido de un correo electrónico es similar al sonido de la campana de una máquina de casino y al de monedas cayendo. De inmediato se despierta tu curiosidad de ver qué es lo que acabas de ganar. Es por esto que debes *dejarlo apagado* si te vas a relajar por completo.

Cuidar de tu salud mental y física, tu "máquina" es esencial y quizás más importante que cualquier otra cosa, para asegurar tu salud, felicidad y éxito a largo plazo.

Tu salud y bienestar son más importantes para tu calidad de vida que cualquier otro elemento. El descanso es esencial para desempeñarte a tu mejor capacidad. Necesitas largos periodos de descanso y relajación total, en los que no haces nada sino recargar tus baterías mentales, físicas y emocionales.

Vincent Lombardi dijo en una ocasión, "La fatiga nos acobarda a todos". Cuando estás cansado y desgastado, eres susceptible al estrés y la negatividad, es como enojarte e impacientarte, y puedes tomar decisiones y hacer elecciones que a largo plazo no sirvan para tus mejores intereses.

HAZ QUE EL DESCANSO SEA UNA PRIORIDAD

A veces, el mejor uso de tu tiempo es llegar a casa y acostarte temprano, a las 8:00 o 9:00 p.m., y no hacer más que dormir durante nueve o diez horas, recargando por completo tus baterías mentales y físicas.

Cuando en tu vida están sucediendo muchas cosas, cuando tienes que tomar decisiones o hacer elecciones importantes, a veces el mejor consejo es consultarlo con la almohada. No tomes ninguna decisión importante hasta que no hayas descansado por completo.

Hace muchos años, mi mentor, y exitoso ejecutivo de negocios, me dio un pequeño panfleto titulado "Toma tiempo para tu digestión mental". En ese panfleto, que nunca olvidé, el autor recomendaba tomar setenta y dos horas para pensar en cualquier decisión importante antes de tomar alguna acción. Esto resulta ser un secreto para el éxito de muchos altos ejecutivos.

Cuanto más tiempo tomes para considerar una decisión importante, mejor será la calidad de tu decisión. Esto es porque tienes la posibilidad de descansar, dormir, meditarlo en tu mente y considerar con atención todas las ramificaciones de la decisión.

BAJA LA VELOCIDAD PARA IR MÁS RÁPIDO

La mayoría de personas sienten que tienen mucho por hacer y muy poco tiempo. No tienen tiempo para todo el descanso que estamos recomendando. Sienten que deben levantarse y comenzar sus labores temprano en la mañana, y trabajar mucho durante todo el día, llevando a veces trabajo a casa para seguir trabajando en la noche hasta antes de irse a la cama. Pero esto es falso.

Hay una historia acerca de la pequeña niña que va donde su madre y le pregunta: "mami, ¿por qué papá todas las noches trae a casa un maletín lleno de trabajo, no deja de trabajar y nunca pasa tiempo con la familia?".

La madre le responde con amabilidad diciendo: "Bien, cariño. Debes entender, papá tiene mucho trabajo por hacer en su oficina, así que tiene que traerlo a casa para poder estar al día".

A lo cual la niña le responde: "mami, ¿por qué no lo ponen en una clase *más lenta?*".

Ten cuidado de que no te pongan en una clase más lenta como resultado de ser percibido como alguien que se abruma y no puede mantenerse al día con su trabajo.

VIOLA LA LEY DE PARKINSON

La razón principal por la cual las personas tienen mucho por hacer y muy poco tiempo es porque la persona promedio desperdicia hasta un 50% de su tiempo de trabajo en conversaciones ociosas, revisando el correo electrónico, tomando largas horas de almuerzo y descansos prolongados, y en general participando en actividades no relacionadas con su labor. Es por eso que uno de los grandes principios del éxito es trabajar siempre que estés trabajando.

C. Northcote Parkinson, un historiador británico, escribió un libro hace muchos años titulado *Parkinson's Law (La Ley de Parkinson)*. En este libro él hizo famosa la observación que dice "el trabajo se extiende hasta llenar el tiempo que se le ha asignado". Si tienes ocho horas para completar cierta cantidad de tareas, te tardarás las ocho horas, y es probable que al final estés corriendo para terminar el trabajo.

Pero la inversa de la Ley de Parkinson es que "el trabajo se contrae para llenar el tiempo que se le ha asignado". Esto quiere decir que, si te das un plazo más reducido para hacer todo tu trabajo, trabajarás más rápido y con mayor eficiencia, y a veces completarás todo un día de trabajo en solo un par de horas.

PONTE PLAZOS TÚ MISMO

El asistente a uno de mis seminarios, un exitoso hombre de negocios me relató una historia interesante. Dijo que cuando se casó, le había prometido a su esposa que llegaría a casa a las 6:00 todas las noches y pasaría al menos dos horas completas con ella todos los días, y más los fines de semana. Cuando sus hijos nacieron, extendió ese tiempo a tres horas por día y más tiempo los fines de semana. Me dijo que, si tenía que viajar, sin falta reponía las horas perdidas, pasando aún más tiempo con su esposa e hijos.

Él decía que esta promesa, que hizo desde el comienzo de su vida laboral, había cambiado su vida. Para cumplirla, adquirió la disciplina de trabajar con eficiencia y en sus tareas más importantes durante todo el día. Salía al trabajo un poco más temprano, trabajaba un poco más duro y terminaba a tiempo para llegar a casa y cenar con su familia a las 6:00. Llegó a ser uno de los ejecutivos más productivos de su industria, le pagaban más y ascendía de cargo en menos tiempo; y con el paso de los años llegó a tener mucho dinero. Él dijo que esa promesa que le hizo a su esposa había sido una de las cosas más importantes que había hecho en su vida.

Tú puedes hacer lo mismo. Recuerda, no es la cantidad de horas que dedicas, sino la cantidad que produces durante esas horas. Para producir mejor calidad y cantidad de trabajo debes estar bien descansado a cada hora de trabajo del día. Esto te lo debes a ti mismo y a tu empresa.

OBSERVA EL SÁBADO

Como parte de su práctica religiosa, los judíos ortodoxos respetan el sábado de una manera en particular. Desde el atardecer del viernes hasta el atardecer del sábado, se abstienen de hacer cualquier tipo de trabajo. Toman un total de veinticuatro horas durante las cuales realizan actividades religiosas y de familia.

Este es un concepto maravilloso que adapté a mi vida hace muchos años y que muchos de mis estudiantes también han adoptado. Cada semana, adquiere el hábito de tomar al menos un día completo para no hacer ninguna labor relacionada con el trabajo. Lo que necesitas son dos noches completas de descanso, sin que haya trabajo entre las dos.

Una buena noche de descanso no parece ser suficiente. Debes dormir profundo y bien, relajarte por completo y refrescarte durante un día completo, y luego tomar otra noche completa de descanso. Ese día, combinado con dos noches, recarga tus baterías mentales y físicas. Para cuando esas treinta y seis horas terminen, estarás más lúcido, más alerta y serás más creativo. Serás más feliz y más positivo. Tu personalidad mejorará. Serás un mejor esposo o esposa, mejor compañero o amigo y será más agradable tenerte cerca. Es asombroso todo lo que puede lograr el descanso.

NO ACEPTES EXCEPCIONES

Durante ese periodo de treinta y seis horas debes disciplinarte para apagar tu computadora, rehusarte a hacer cualquier tipo de trabajo, e incluso leer informes de la oficina o responder largos correos electrónicos de negocios desde tu teléfono. Solo detente. Deja de hacer cualquier cosa que requiera concentración o energía mental.

Esto es lo que sucede: si interrumpes tu día libre haciendo algún trabajo, es como desconectar el cargador de la fuente de poder. El proceso de recarga se detiene. Dejas de descansar. Al no permitirte tener un día completo de descanso ininterrumpido, tus baterías mentales no se recargan por completo. Cuando interrumpes tu descanso, no descansas nada.

¿Con cuánta frecuencia has regresado de vacaciones más cansado que antes de partir? Fue porque todo el tiempo estuviste picoteando tu trabajo.

Esta idea de no trabajar en nada durante treinta y seis horas te va a resultar muy difícil en un comienzo. Esto es porque sientes que estás en una caminadora. No importa cuánto hagas, estás convencido de que siempre hay más por hacer. Pero aún, si estás haciendo una labor que disfrutas y obteniendo resultados importantes para ti, es normal, natural y fácil que tu trabajo se extienda hasta la noche y los fines de semana. A menudo se necesita más disciplina para dejar de trabajar que para seguir haciéndolo.

UNA PRUEBA DE CARÁCTER

Piensa en esto como si fuese una prueba de carácter. Si no interrumpes de manera intencional este estilo de trabajo, que se extiende siete días a la semana, en poco tiempo caerás en la trampa de estar trabajando la mayor parte del tiempo. Te verás revisando tu correo electrónico todo el tiempo, respondiendo mensajes de texto, e iniciando nuevas actividades de trabajo, estando siempre conectado. Te convertirás en un caballo que empuja el molino en círculos durante todo el día, sin detenerse.

Pero la clave para tu verdadero éxito, para alcanzar altos niveles de productividad y desempeño, está en desconectarte por completo durante largos periodos de tiempo. Apaga la computadora y rehúsate a volver a encenderla o revisarla durante al menos treinta y seis horas cada semana. Revisa tu teléfono inteligente si quieres, pero adquiere la disciplina de posponer cualquier respuesta durante tu tiempo de descanso.

La mejor notica es que en lugar de atrasarte con tu trabajo, cuando te hayas recargado por completo a nivel mental y físico, harás más trabajo y con mejor calidad durante las siguientes dos o tres horas que el que habrías hecho durante todo un día trabajando con fatiga mental y física. Por lo general tendrás tus mejores ideas y progresos después de un fin de semana relajado o unas largas vacaciones.

HAZ LO QUE HACEN LOS RICOS

Lees acerca de personas ricas que toman largas vacaciones en hermosos complejos por todo el mundo. Recibes folletos que ofrece lujosas vacaciones en cruceros.

Quizás te hayas preguntado cómo estas personas pueden tomar tantas vacaciones y tener tanto dinero.

La respuesta es sencilla. Ellos le dan un gran valor a recargar sus baterías. Además, casi siempre toman vacaciones con otras personas de éxito. Durante sus periodos de descanso y relajación, socializan y hablan de lo que hacen en su trabajo, de oportunidades y posibilidades de negocios, nuevos avances e inventos y demás cosas por el estilo. Cuando vuelven de esas vacaciones, bien descansados, sus mentes abundan con nuevas ideas y perspectivas que puede usar para ganar aún más dinero en el futuro.

LA FALTA DE SUEÑO DE AFECTA

Mientras tanto, las personas con ingresos promedio y los más pobres queman su vela desde los dos extremos. Pueden trabajar por mucho tiempo, pero cuando llegan a casa ven televisión de cinco a siete horas cada noche. Van a la cama solo cuando están muy cansados para ver televisión. Duermen de seis a siete horas y lo primero que hacen al despertar es volver a encender el televisor.

La mayoría de personas en nuestra sociedad, casi el 70%, están sufriendo de privación del sueño. Este es un grave problema. En lugar de tener un descanso pleno de nueve horas de sueño cada noche, el mínimo recomendado para recargar por completo tus habilidades mentales y físicas, la mayoría tratan de arreglárselas con seis o siete horas, a veces menos, en especial si no duermen bien.

Como consecuencia, acumulan un déficit de una o dos horas por noche. Con el paso de la semana, estas personas cada vez están más y más cansadas. Cada vez tienen menos energía mental. En el trabajo apenas siguen la inercia, consumiendo grandes cantidades de café y bebidas con cafeína para mantenerse despiertos. Se involucran en interminables conversaciones con sus compañeros de trabajo porque éstas requieren poca capacidad mental. Comen demasiado porque sus cuerpos necesitan la energía extra. Consumen mucho alcohol en las noches porque están agotados y precisan la energía del azúcar que obtienen del alcohol. Rara vez tienen un desempeño de alto nivel y no alcanzan su potencial, Sencillamente están muy cansados la mayor parte del tiempo.

CAMBIA TU VIDA

Uno de mis clientes tenía mucho éxito dirigiendo su propia empresa. Pero me dijo que ya no estaba disfrutando mucho su trabajo y casi siempre estaba cansado. También tenía sobrepeso. Comía y consumía bebidas alcohólicas en exceso.

Le pregunté cuántas horas dormía cada noche. Me dijo que se estaba obligando a dormir solo cinco o seis horas por noche para poder disponer de más tiempo para trabajar. Le dije que se estaba poniendo en una caminadora sin fin, trabajando cada vez más horas, y cansándose más y más, pero logrando cada vez menos y perdiendo su entusiasmo por el trabajo. Le sugerí que adquiriera la disciplina a partir de ese momento de acostarse a las 10:00 p.m. y dormir al menos ocho horas cada noche.

Esa le resultó una idea novedosa. Se había convencido a sí mismo de que las personas de éxito dormían menos y trabajaban más. Pero siguió mi consejo. En nuestra siguiente reunión de entrenamiento, noventa días después, me dijo que había tomado el hábito de irse a la cama temprano y dormir un total de ocho horas cada noche. Después de una semana, sentía que se levantaba de un profundo sueño, como si emergiera de la niebla.

No tenía idea de lo mucho que se había cansado. Pero al dormir de ocho a nueve horas cada noche, tenía más y más energía. Como consecuencia, comía menos porque ya no necesitaba más energía alimenticia para seguir activo durante el día. Había perdido dieciséis libras en noventa días.

Dijo que su vida había cambiado desde que decidió irse a la cama temprano. Durante el siguiente año, también triplicó sus ingresos. Pasaba más tiempo en casa, tomaba libres los fines de semana, extensas vacaciones con su familia y ganaba más dinero del que había soñado. Bajo más y más de peso y llegó a su peso ideal.

GARANTIZA TUS VACACIONES

Lo siguiente es algo que puedes hacer para asegurarte de no caer en la trampa de trabajar los fines de semana y durante tus vacaciones. Promételes a otros, tu esposa, hijos, familia y amigos, que les vas a dedicar un día completo cada semana para hacer lo que quieran hacer. Cuando hayas hecho esa promesa y hagas el compromiso de pasar el tiempo con ellos, rara vez incumplirás lo que has dicho.

Hazte la promesa de que te vas a desconectar del trabajo y solo te vas a relajar en tus días de descanso. Puedes leer el periódico, ver televisión, salir a caminar o participar en otros ejercicios físicos, ir al cine, salir a cenar o visitar a tus amigos, pero debes negarte a hacer algún trabajo de cualquier tipo. Usa tu maravillosa mente para mantenerte activo durante todo el día sin hacer ninguna cosa que sea exigente a nivel mental, ningún trabajo que ocupe tu cerebro.

Has escuchado decir que un cambio es un buen descanso. Esto se basa en investigaciones que muestran que tienes tres formas de energía: mental, emocional y física. Si consumes tu energía mental durante la semana al hacer tu trabajo, puedes recargar tu cerebro durante el fin de semana haciendo actividades físicas. De esta manera, les das a tus energías mentales la oportunidad de rejuvenecer.

Si estás pasando por una situación que te desgasta a nivel emocional asegúrate de dormir más. Trata de tomar un descanso completo participando en actividades físicas, incluso saliendo a caminar, para darte la oportunidad de recargar.

HAZ QUE EL DESCANSO Y LA RELAJACIÓN SEAN UNA FORMA DE VIDA

Además de tomar todo un día cada semana para no hacer ningún trabajo mental, también deberías planear tomar unas vacaciones de tres días cada par de meses con tu esposa o pareja. Pero para obtener el máximo beneficio de este tipo de vacaciones, debes tener noches completas de sueño durante ese tiempo.

Vivo en San Diego. Mi esposa y yo a menudo conducimos hasta Palm Springs, que está a dos horas y media en auto, y tomamos fines de semanas de tres días, saliendo el viernes y regresando el domingo en la tarde. A veces tomamos un vuelo hasta San Francisco en el mismo horario y pasamos dos días completos en un hotel, saliendo a cenar y relajándonos. Estos resultan ser unos de los tiempos que más disfrutamos en nuestras vidas.

Además, traza la meta de tomar dos, tres o cuatro semanas de vacaciones cada año. Durante ese tiempo puedes revisar tu correo electrónico de vez en cuando para asegurarte de que no haya emergencias, pero en general debes dejar las cosas a un lado.

Si vives y trabajas con intensidad, vas a necesitar de tres, cuatro o incluso cinco días de vacaciones para descomprimirte y comenzar a relajarte por completo. Hasta ese momento, en tu mente vas a estar corriendo en la caminadora, pensando en tu trabajo y en las cosas que podrías hacer mientras estás descansando.

Durante ese periodo de descompresión, debes disciplinarte para mantenerte ocupado haciendo cosas diferentes al trabajo. Apaga tu computadora. Sal y camina por la zona. Haz caminatas. Sal a cenar. Ve a un sitio donde puedas contemplar el paisaje. Pero no hagas ninguna labor hasta que el impulso de trabajar desaparezca, y así será.

VACACIONES FAMILIARES

Esta idea de vacaciones largas no siempre es fácil. Estaba cercano a mis cuarenta años antes de tomar mis primeras vacaciones de dos semanas, y me sentía culpable por no trabajar todo ese tiempo. Pero al final, disfruté mucho esa experiencia.

Al año siguiente, tomamos otras vacaciones largas y desde entonces lo hemos hecho cada año. Al comienzo necesitaba al menos de tres días para poder salir de la caminadora mental y dejar de pensar en el trabajo que había dejado pendiente. Hoy, con el paso del tiempo y mayores ocupaciones en mi horario, necesito toda una semana para liberarme. Durante ese lapso, debo luchar con el irresistible deseo de abrir mi computadora y comunicarme con el resto del mundo. Esto también te puede suceder a ti.

Recuerda, cuando más tiempo libre tomes, a diario, cada semana, cada vez y cada año, para descansar por completo, más productivo serás cuando retomes tu trabajo. Es posible que a veces tengas una excelente idea mientras estás de vacaciones, la cual puede ahorrarte un año o hasta cinco años de duro trabajo. Pero debes crear el tiempo de descanso para que esta inspiración suceda.

PLANEA TUS VACACIONES CON ANTELACIÓN

Hay una excelente técnica que ha cambiado vidas por más de tres décadas. Es esta: cada enero, planea tu calendario de tiempo libre y de vacaciones para el año que comienza. Separa los días que vas a tomar libres cada semana, tus escapadas de dos y tres días, y tus vacaciones de una y dos semanas. Luego llama y reserva tus vacaciones con un depósito no reembolsable. Cuando hayas pagado un depósito no reembolsable, estarás comprometido. Rara vez te perderás unas vacaciones que ya has pagado.

Cada año, mi esposa y yo vamos a Hawái con nuestra familia durante tres semanas en Navidad. El complejo donde nos alojamos es muy popular y está reservado por completo durante todo diciembre y enero. Por esta razón, en enero 5 solicitan un depósito para reservar el condominio en el que deseas quedarte, el pago de la mitad para abril 1 y el pago final para enero 1. Y los pagos no son reembolsables. Por treinta años nunca hemos dejado de tomar estas vacaciones familiares. Nunca hemos perdido un día. Lo mismo sucederá contigo.

El tiempo de descanso y recreación es de los más importantes en tu vida. Muchas de tus mejores ideas, ideas que te puede hacer exitoso e incluso rico, llegarán después de un periodo de completas vacaciones físicas y mentales. Apartar espacios en los que te puedes relajar por completo es uno de los usos más importantes y valiosos de tu tiempo y puede hacer toda la diferencia en tu vida y en tu futuro.

<<< EJERCICIOS DE ACCIÓN >>>

1. Decide hoy que vas a construir en tu vida un horario de descanso y relajación, para asegurarte de tener tu mejor desempeño en el trabajo.

2. Organiza tu horario de vacaciones al comienzo del año, y luego planea tus responsabilidades de trabajo en torno al mismo.

3. Reserva y paga tus vacaciones con antelación durante el año para así asegurarte de nunca posponer o dilatar el descanso y la relajación que necesitas.

10

TIEMPO DE QUIETUD

Sueña grandes sueños, y al soñar en eso te convertirás. Tu visión es la promesa de lo que serás un día, tu ideal es la profecía de lo que al fin develarás.

—JAMES ALLEN

i

Los momentos que pasas a solas contigo mismo y en silencio pueden ser de los más importantes en la vida. Este tipo especial de tiempo abarca el desarrollo espiritual, la consciencia, la contemplación, la soledad y la meditación. La práctica frecuente de estas disciplinas cambiará tu vida de una manera asombrosa.

DESARROLLO ESPIRITUAL

El más elevado ideal humano siempre ha sido alcanzar la paz interior. La verdadera medida de qué tan bien te está yendo en la vida se puede determinar por el porcentaje de tiempo en el que te sientes en paz contigo mismo y con los demás.

A lo largo de la historia, los pueblos de todo el mundo han desarrollado diferentes religiones y tradiciones espirituales de toda clase. En todos los casos, estas personas buscaban algo más elevado y mayor que ellos mismos, algún conjunto de valores supremos, de creencias a las que pudiesen aspirar. El objetivo principal de estas tradiciones religiosas es ayudar a guiar y dirigir a las personas hacia niveles más elevados de bienestar, felicidad y paz interior.

El desarrollo espiritual puede darte más paz y gozo que quizás cualquier otra actividad. Esto requiere, entre otras cosas, que practiques la consciencia de manera regular. En sus términos más sencillos, la consciencia es ese estado en el que entras cuando tomas la disciplina de estar completamente en silencio y consciente de ti mismo y de tu entorno.

EL TRABAJO DE DESARROLLO ESPIRITUAL

El desarrollo espiritual requiere una combinación de aprendizaje acompañado de reflexión acerca de cómo podrías aplicar esas ideas a tu vida.

Aristóteles escribió: "la sabiduría es una combinación igual de experiencia con reflexión". Las ocupaciones constantes, las interrupciones electrónicas y la socialización mantienen nuestras mentes tan ocupadas que rara vez tenemos tiempo para detenernos por completo a pensar en lo que estamos haciendo o lo que de verdad sucede a nuestro alrededor.

Cuando estás tan ocupado que no tomas tiempo para pensar en las experiencias de tu vida, no aprendes, no creces, no desarrollas la sabiduría que necesitas para ser una persona completamente madura y funcional.

Cuanto más pienses y reflexiones en tus experiencias, más profundo será tu conocimiento e inteligencia. Como resultado, empezarás a tomar mejores decisiones y cometerás menos errores.

La consciencia requiere que adquieras la disciplina de dejar de pensar con frecuencia en lo que haces y cómo lo haces. Por fortuna, esta consciencia la puedes practicar en cualquier momento con solo bajar la velocidad.

CONSCIENCIA CONVERTIDA EN ALGO SIMPLE

Una técnica sencilla para la consciencia, para centrarte y calmarte por completo se llama detener los pensamientos.

Tu capacidad para detener tus pensamientos, para aclarar la mente, requiere que cambies tu concentración y desvíes la atención de tu vida cotidiana y las dirijas hacia algo tan simple como tomar aire y exhalarlo.

Como solo puedes tener un pensamiento a la vez, cuando piensas en tu respiración, de forma automática dejas de pensar en cualquier otra cosa, en especial algo que puede provocarte ira o estrés en el momento.

Cuando puedes poner tu mente en otra parte, pensando en otra cosa o en nada, esto elimina cualquier negatividad que haya en tu vida. Los eventos o pensamientos negativos poco a poco comienzan a disminuir en importancia. A veces desaparecen por completo, como el humo de un cigarrillo en una habitación grande.

Una técnica de respiración que puedes usar para detener tus pensamientos, calmar tu mente y aumentar tu nivel de consciencia es sentarte en silencio con las manos sobre tu regazo, sin que se toquen entre sí, y luego inhalar contando hasta siete. Tomar alientos profundos, inhalando lo que más puedas. Cuenta hasta siete mientras lo haces.

Luego sostén la respiración, contando despacio hasta siete. Por último, exhala también contando hasta siete. Haz todo este ejercicio siete veces cada vez que estés bajo estrés o airado, o antes de algún evento importante, como una reunión o presentación.

Este método 7-7-7 de respiración activará la liberación de endorfinas en tu cerebro. Las endorfinas son denominadas la droga feliz de la naturaleza. Una pequeña cantidad de estas hormonas te dará un sentimiento de paz y claridad mental. Serás más feliz y más creativo.

RECUÉRDATE

El metafísico Pyotr Ouspensky enseñó la práctica de "recordarse a sí mismo" como una manera de centrarse y aumentar la consciencia propia. Ouspensky indicó que tenemos cientos y miles de pensamientos que pasan por nuestra mente en un flujo interminable de consciencia, como si fuesen un río. Este inagotable flujo de pensamientos hace que nos convirtamos en una especie de "sonámbulos", funcionando casi de manera automática y a menudo sin tener consciencia de lo que nos rodea.

Todos hemos tenido la experiencia de entrar al auto y conducir hasta el trabajo y no recordar nada de su recorrido. Tu mente estaba tan perdida en los pensamientos que condujiste hasta la oficina en piloto automático, sin pensar, porque has recorrido esa ruta muchas veces.

Te despiertas de repente cuando algo inesperado sucede, como golpear un bloque de hielo o casi tener un accidente. En ese momento tomas completa consciencia de ti mismo y lo que te rodea. Pero tan pronto como el momento pasa, vuelves a ser sonámbulo.

En el Nuevo testamento Jesús dice: "Despierten, todos los que están dormidos". Esto lo dijo para animar a las personas a ser más conscientes, a prestar mayor atención al significado de lo que estaba diciendo, en lugar de reaccionar de forma automática, que es como la mayoría de personas procesan la información.

Para experimentar la consciencia y el recordarte a ti mismo, solo debes decir las palabras: yo estoy aquí. Al decirlas, mira a tu alrededor como si por primera vez vieras tu mundo y lo que te rodea. Observa los detalles de todo lo que tienes a tu alrededor. Imagina que le describes tu entorno a una persona ciega o a alguien por el teléfono, alguien que nunca antes ha visto o experimentado lo que te rodea. Cuando lo hagas, mira más allá, y hazte más sensible a tu mundo de lo que antes eras.

CONCIENCIA DURANTE LA VIDA NORMAL

La mayoría de personas comen rápido, sin pensar. Prestan poca atención a su comida o su entorno. Pero puedes hacer de la cena una experiencia significativa. Mientras comes, puedes hacerlo más despacio y observar todos los detalles involucrados en la experiencia, así como las diferentes particularidades del sitio donde te encuentras. Toma consciencia de tu entorno. Mira cómo está organizada la mesa, los platos, los cubiertos y los vasos.

Mientras comes, mastica despacio, de manera consciente y deliberada. Toma tiempo para masticar tu comida, gustando los diferentes sabores y disfrutando cada bocado. Nota los sabores, los olores, los diferentes gustos de la comida, como si estuvieras comiéndola por primera o por última vez.

Puedes aumentar de forma dramática tu consciencia con solo bajar la velocidad en una actividad común y observarte a medida que la realizas. Por ejemplo, si tan solo caminas más lento, de inmediato te haces consciente de tus movimientos. De hecho, "te recuerdas mejor a ti mismo". De esta manera te haces más consciente de ti y del mundo que te rodea. Piensas "aquí estoy".

Cuando bajas la velocidad en cualquier actividad, como lavar los platos, cepillarte los dientes o incluso pasar las páginas del periódico, de inmediato experimentas una mayor consciencia de tus acciones y te haces más sensible a tu entorno.

PRACTICA LA CONSCIENCIA PARA RESOLVER PROBLEMAS

Siempre que tengas un problema de cualquier tipo, practica la soledad. Busca el silencio para hallar la solución. Siéntate cómodo en un sitio donde no haya ruido ni distracciones. Deja que tu mente se relaje por completo.

Prepárate para estar sentado de veinticinco a treinta minutos hasta que tu mente deje de correr y pensar en lo que sucede en tu vida diaria. Cuando estés cercano a los treinta minutos de completo silencio, tu mente estará en total calma y comenzarás a tener una asombrosa sensación de paz. Empezarás a ver cosas con mayor claridad. Y mientras estás en silencio y calmado, la respuesta exacta a tu pregunta o problema más importante surgirá en tu mente.

Dado que el sentarse en silencio estimula la actividad superconsciente, cuando la respuesta a tu problema o pregunta llegue a ti, será sencilla y clara. Dará respuesta a cada detalle del problema o dificultad. Estará dentro de tus capacidades para implementarla de inmediato.

Cada vez que practiques la soledad y la calma, una vocecilla en tu interior te hablará con gran claridad. Con el tiempo, esta voz bajita se hará más sonora y más insistente. Funcionará más rápido y con mayor precisión. Este desarrollo de tu sentido intuitivo es uno de los mejores usos del tiempo y es la clave para tu desarrollo espiritual.

PIENSA EN AGUA

Otra forma de activar tus poderes superconscientes y desarrollarte a niveles más elevados de espiritualidad, es pensar en agua. Como el cuerpo humano es 70% agua, tenemos una afinidad natural por el agua de toda clase, en especial los cuerpos de agua. Siempre que te sientas en silencio al lado de un cuerpo de agua, tu mente no tarda en calmarse y tener claridad, y tu sentido de intuición comienza a fluir como un río.

Si no tienes agua cerca, solo puedes pensar en un cuerpo de agua. Evoca un lago o el mar o incluso un tranquilo arroyo donde el agua pasa frente a ti. De esta manera relajas tu mente y estimula ideas y perspectivas para tu situación actual.

Incluso el sentarse al lado de una piscina, en silencio, mirando el agua ante ti, tiene un efecto tranquilizador en tu mente y tus emociones.

LA PRÁCTICA DE LA MEDITACIÓN

Millones de personas en todo el mundo practican la meditación a diario y en ocasiones, varias veces al día.

Al meditar, te sientas en silencio con los ojos cerrados y respiras profundo, inhalando y exhalando el aire, concentrando tu atención en tu diafragma, el lugar donde tus pulmones se encuentran con el estómago.

Muchos de los que meditan usan un mantra, una sola palabra o frase como paz, amor, o serenidad, que repiten una y otra vez hasta que quedan en un estado de armonía relajada y felicidad.

A menudo, quienes meditan, se sientan frente a una vela en una habitación oscura, concentrándose en su respiración durante veinte a sesenta minutos. Incluso existe un aplicativo que muestra una vela encendida que puedes sentarte a mirar para ayudarte a meditar.

Otro método de relajación mental se llama "caminata de meditación", que se hace mejor en espacios naturales y a solas. Puedes caminar por tu vecindario o en un parque cercano, por el bosque o por la playa. Disfrutarás de los mismos beneficios de la relajación y la creatividad mejorada que tendrías al sentarte en silencio y a solas.

También sucede que no todas las personas pueden meditar. Hay quienes prefieren sentarse y mirar un paisaje, sin que los interrumpan. Esto se llama contemplación, es sentarse con los ojos abiertos y permitir que tu mente flote con libertad sin ningún intento de controlar tus pensamientos. Ya sea la meditación o la contemplación, pueden funcionar para traerte la paz que buscas o las soluciones que quieres encontrar.

LA GRAN RECOMPENSA

El escritor francés Pascal dijo: "todos los problemas de la raza humana brotan de la incapacidad del hombre para sentarse en silencio a solas en una habitación".

Cuando incluyas en tu vida periodos de consciencia, soledad, meditación y contemplación, te sentirás más feliz, más saludable y con mayor control sobre ti mismo y tus emociones.

La buena noticia es que la meditación, la contemplación y la soledad son puramente actos benéficos. Cada una de ellas baja tu punto de ignición, reduce tu estrés y te hace estar más relajado y resistente ante los problemas cotidianos.

Las personas afirman disfrutar de beneficios extraordinarios cuando viven con consciencia, disfrutan de mayor claridad y están más alerta, gozan de un sentido mejorado de autocontrol y mayor poder personal. Experimentan presión arterial más baja, menos estrés, mejor sueño y salud, y muchas otras cosas buenas incluyendo pérdida de peso.

Decide ahora mismo que vas a tomar unos minutos cada día, quizás cinco para comenzar, a fin de sentarte en completo silencio y total calma, sin distracciones, y sólo dejar que tu mente flote en paz. Piensa en tu respiración o en agua. Desde la primera vez que practiques esta toma de consciencia, estarás más alerta, y te sentirás mejor contigo mismo y tu mundo.

<<< EJERCICIOS DE ACCIÓN >>>

1. Busca el silencio con frecuencia, una vez por día si es posible. Practica la soledad para sintonizarte con tus poderes supremos.

2. Practica la consciencia, baja el ritmo para mejorar tu sentido de realidad cuando comas, trabajes y hables con los demás.

3. Haz meditación durante unos minutos cada día, cerrando los ojos mientras permaneces en paz y dejas que tu mente fluya como un arroyo tranquilo.

RESUMEN

Lo más valioso e importante que haces es pensar. La calidad de tus pensamientos, en especial respecto al tiempo, determina tu calidad de vida. Siempre detente y pregunta: ¿cuál es el tipo de tiempo más adecuado para usar en esta situación?

Cuando tomes el tiempo para pensar antes de reaccionar o responder, siempre tomarás mejores decisiones y obtendrás mejores resultados.

¡Buena suerte!

—Brian Tracy

www.ingramcontent.com/pod-product-compliance
Lightning Source LLC
Chambersburg PA
CBHW030520080526
44586CB00011B/266